禪, 이렇고 이렇다

KB193282

대해 서장 다시 보기

禪, 이렇고 이렇다

초판 발행 ㅣ 2025년 1월 10일

지은이 ㅣ 수행경전연구회
　　　　이수안 권오익 김신곤 조금자 홍웅경 김상락 장익

펴낸이 ㅣ 신중현
펴낸곳 ㅣ 도서출판 학이사
　　　　출판등록 : 제25100-2005-28호
　　　　주소 : 대구광역시 달서구 문화회관11안길 22-1(장동)
　　　　전화 : (053) 554~3431, 3432
　　　　팩스 : (053) 554~3433
　　　　홈페이지 : http:// www.학이사.kr
　　　　이메일 : hes3431@naver.com

ISBN _ 979-11-5854-551-2 03220

불교수행경전 ③

禪 이렇고 이렇다

대혜 서장(書狀) 다시 보기

편저― 수행경전연구회

이수안 권오익 김신곤 조금자
홍웅경 김상락 장 익

學而思 학이사

대혜종고(大慧宗杲) 스님은 서장(書狀)에서 사람이 태어나서 살다가 죽는 일을 일대사인연(一大事因緣)이라 했다. 그만큼 이 일이 중요하다는 뜻이다. 어디에서 와서 어떻게 살다가 어디로 가는 것인지? 우리들 인생의 근본적인 물음을 해결도 하지 못한 채 가기는 억울하다. 그래서 가기 전까지 반드시 풀어야 할 숙제는 바로 이 문제를 해결하는 일이다. 일대사인연은 본래 자신의 모습인 공성(空性)을 깨달아 삶과 죽음의 문제에서 자유로워지는 것이다. 스님은 일대사를 해결하는 방법으로 화두를 참구하는 간화선 수행을 주창했다.

스님은 송나라 때 고관대작을 지내다 벼슬에서 물러난 선비들과 서신(書信)을 주고받으면서 간화선의 가르침을 자상하게 베풀고 있다. 선(禪)에 입문하는 초보자에서부터 법거량(法擧揚)을 담당하는 방장(方丈)에 이르기까지 각종 불교 경전과 자신의 체험, 부처님의 말씀, 선사들의 죽비 소리를 적재적소에 활용하면서, 말 없는 말로 간화선의 요체(要諦)를 드러내 보이고 있다.

스님은 절대 평등한 대진리를 얻기 위해서는 가장 먼저 서원(誓願)을 세우라고 강조한다. 상구보리(上求菩提) 하화중생(下化衆生)의 서원이 투철(透徹)할 때 비로소 아공(我空) 법공(法空)의 세계로 나아갈 수 있음을 거듭 설파한다. 스님은 막힌 곳을 뚫어주고, 뚫린 곳을 원활하게 흐르게 하며, 법음(法音)의 흐름이 요익중생(饒益衆生)하도록 활인검(活人劍)을 종횡무진 휘두르며 선비들과 납자들의 눈을 뜨게 하였다.

스님의 제자들에 의해 편집된 서장은 그동안 많은 수행자들에게 화두 참선의 길라잡이 역할을 해왔다. 그러나 스님의 주옥같은 가르침이 개개인의 처지에 따라 각양각색의 조언을 다양하게 쏟아내는 편지 형식을 띠면서, 자칫 책 속에 녹아 있는 선 수행에 대한 금강석(金剛石)을 놓치지 않을까 하는 기우(杞憂)가 없지 않았다.

수행경전연구회는 위덕대 총장을 지낸 장익 교수와 함께 이 책을 공부하면서 스님이 전하고자 하는 소중한 가르침을 다시 한번 정리하는 시간을 가졌다. 스님의 편지 속에는 수행자들이 명심해야 할 보석(寶石)이 곳곳에 박혀 있었다. 혹여 이를 놓치지 않을까 하는 노파심에서 스님의 편지 내용을 소주제별로 재구성해 선가(禪家)는 물론 일반 수행자들이 간화선의 진수(眞髓)에 접근하는 데 도움을 주려고 노력하였다.

이 책을 재구성하는 데는 원본과 여러 분들의 저서와 번역서 등을 두루 참고했음을 밝혀둔다. 특히 불교학을 전공한 연구원들이 서로 소통하면서 서장의 내용을 더욱 깊이 있게 이해할 수 있었다. 또한 스님의 가르침을 일목요연하게 정리하기 위하여 널리 퍼져 있는 서장의 여러 편지 내용을 수행의 순서에 따라 재구성하는 방법을 택했다.

『화엄경(華嚴經)』 십신법문(十信法門)에는 수행의 순서를 신(信)·해(解)·행(行)·증(證)으로 설하고 있다. 신(信)은 부처님의 법을 철저하게 믿는 것이며, 해(解)는 그 법의 의미를 잘 이해하는 것이다. 행(行)은 바르게 수행 정진하는 것이며, 증(證)은 깨달음을 이루는 것이다. 이들의 관계는 서로 연결되어 있다. 믿음이 공고할 때 지혜의 공덕이 있으며, 지혜의 공덕은 곧 정진과 깨달음의 원동력이 된다. 법성게(法性偈)에서도 초발심시변정각(初發心時便正覺) 즉, 처음 발심할 때가 바로 깨달음이라고 하고 있다.

이 책 또한 선공부의 시작[信]·선공부의 이해[解]·선공부의 실천[行]·선공부와 깨달음[證]이라는 큰 틀을 기반으로 서장의 내용을 재구성했다. 그다음 각 소주제는 들어가는 말과 서장의 내용을 추출한 서장 본문 내용, 보충 해설인 다시 보기의 3단계로 되어 있다. 각주에는 서장 원본의 편지 제목과 차례를 밝혔다.

아무쪼록 이 책이 마음속의 갈등과 아집을 덜어내고, 나아가 호호탕탕(浩浩蕩蕩) 문(門) 없는 깨달음의 문으로 들어가는 데 조금이나마 보탬이 되기를 희망한다. 대혜 스님이 "근본적인 가르침만 드러낸다면 법당 앞에 풀이 한 길이나 깊어질 것이다."라고 하시면서 방편문을 여신 것을 감안할지라도 이 또한 엉뚱한 핑계임을 절감한다. 한편으론 『대혜 서장 다시 보기』가 스님의 큰 뜻을 왜곡하는 것은 아닌지 걱정하는 마음이 앞선다. 독자제현(讀者諸賢)의 지적을 달게 받고자 한다.

| 해제 |

1) 대혜종고

　대혜종고(大慧宗杲: 1089~1163)는 송나라 시대 스님으로 화두(話頭)를 참구(參究)하는 수행법인 간화선(看話禪)을 주창했다. 남송(南宋) 철종(哲宗) 원우(元祐) 4년 기사년(己巳年, 1089) 11월 10일 안휘성(安徽省) 선주(宣州) 영국현(寧國縣)에서 태어났다. 영국현은 지금의 안휘성 선성현이다. 성은 해(奚)씨, 이름은 종고(宗杲)이다. 13세 때 향교에서 유학을 공부하다 16세 때 동산(東山) 혜운원(惠雲院)의 혜제대사(惠齊大師)에게 출가하였다. 17세 때 경덕사(景德寺)에서 구족계(具足戒)를 받았다. 출가 전반기에는 운문종(雲門宗)과 조동종(曹洞宗)을 거쳤다.

　21세 때 임제종(臨濟宗) 황룡파 담당문준(湛堂文準: 1061~1115)의 제자가 되었다. 그는 스승을 7년 동안 시봉한 후 스승 문준이 입적하기 직전 그의 권유에 따라 원오극근(圓悟克勤: 1063~1135)을 찾아갔다. 그러나 만나지 못하고 태평사(太平寺) 평보융(平普融) 회하(會下)에 의지하면서 수행을 거듭하였다. 대혜는 37세가 되던 해 7월 비로소 변경(汴京)의 천녕사(天寧寺)에 머물던 원오극근에게 가서 42일 만에 첫 깨달음을 얻었다.

2) 깨달음의 여정

하루는 원오가 법당에 올라가 말하였다.

"어떤 중이 운문(雲門)에게 '어떤 것이 모든 부처가 몸을 드러내는 곳입니까?' 하고 묻자 운문은 '동산(東山)이 물 위로 간다'고 하였다. 나라면 그에게 '향기로운 바람이 남쪽에서 불어오니 절 지붕 모퉁이가 서늘해지는구나' 라고 말할 것이다."

대혜는 이 말에 홀연 앞뒤의 경계가 끊어졌다. 원오는 그를 택목당(擇木堂)에 머물게 하고 보임(保任)에 힘쓰도록 했다. 이 첫 깨달음의 경험에 관해서 대혜는 서장 제46 향시랑(向侍郎) 백공(伯恭)에 대한 답서에서 자세하게 언급하고 있다. 이 답서에서 대혜는 꿈과 꿈 아님을 언급하고 비로소 부처님이 말씀하신 "깨어 있을 때와 잠잘 때가 늘 하나라는 것을 저절로 알았다."고 말하고 있다.

대혜는 스승 원오극근이 오조(五祖) 스님 휘하에 있을 때 "'있다'는 구절과 '없다'는 구절은 마치 등나무 덩굴이 나무에 기대어 있는 것과 같다는 뜻이 무엇입니까?" 하고 물었다는 말을 듣고 스승 원오에게 당시의 오갔던 이야기를 청했다.

이에 원오가 마지못해 말했다. "내가 그렇게 물으니 오조 스님은 '그리려고 하여도 그리지 못하고, 말하려고 하여도 말하지 못한다' 고 하셨다. 다시 내가 '나무가 쓰러지고 등나무 덩굴이 말라버릴 때는 어떻습니까?' 하고 물으니, 오조 스님은 '서로 따라온다' 고 말씀하셨다."

반년 동안 이 문제를 참구하고 있던 대혜는 그 자리에서 마음이 탁 트이며 크게 깨닫고는 원오에게 말했다.

"제가 알겠습니다."

원오는 여러 차례 다른 질문을 하니 대혜는 막힘없이 모두 답하였다. 이에 원오는 "내가 너를 속일 수 없구나."라고 말했다. 대혜는 여기서 다시 커다란 깨달음을 한 번 더 얻게 된다. 그 뒤 원오극근은 『임제정종기(臨濟正宗記)』를 대혜에게 부촉하고 기록하게 하였다. 이에 대혜는 원오 선사의 법제자가 되었다.

대혜는 원오가 촉(蜀)으로 떠나자 암자에 숨어 지내다가 하호구사(夏虎丘寺)로 가서 『화엄경(華嚴經)』을 열람했다. 대혜는 제칠지 보살(第七地菩薩)이 무생법인(無生法忍)을 얻는다는 구절에 이르자, 홀연 옛 스승 담당(湛堂) 스님이 제시했던 '앙굴마라가 탁발하다가 출산하는 부녀자를 구원한 인연'을 밝게 꿰뚫어 알았다. 앙굴마라의 임산부 구원과 제칠지 보살이 무생법안을 얻은 내용은 『대혜보각선사보설(大慧普覺禪師普說)』 제15권 「전계의가 청한 보설」에 잘 나와 있다.

49세〔소흥(紹興) 7년, 1137〕 때 황제의 명으로 쌍경사(雙徑寺)에 머물던 어느 날 원오 선사의 부음(訃音) 소식을 받았다. 대혜 선사는 직접 제문(祭文)을 지어 제사를 올리고, 바로 그날 저녁 소참법문(小參法門)에서 말하였다.

"납승이 장사(長沙) 스님에게 물었다. '남전(南泉) 스님께서 입적하신 뒤에 어디로 가십니까?' 장사 스님이 말하였다. '동쪽 마을에서 당나귀가 되고, 서쪽 마을에서는 말이 되느니라' 이에 납승이 묻기를 '그 뜻하는 바가 무엇입니까?' 하자, 장사 스님이 대답했다. '올라타고자 하면 바로 올라타고 내리고자 하면 바로 내린다' 만약에 나(대혜)라면 그렇게 하지 않을 것이다. 어떤 납승이 '원오 선사께서 입적하시고 어디로 가십니까?' 하고 묻는다면, '대아비지옥(大阿鼻地獄)으

로 향한다'고 할 것이다. 그 뜻이 무엇이냐고 묻는다면, '배고프면 구
리 먹고, 목마르면 쇳물 마신다'고 하리라. 누군가 '제도할 수 있겠습
니까?' 라고 다시 물으면 '아무도 구할 수 없다'고 말할 것이다. 어째
서 구할 수 없다고 하는가. 이것이 바로 이 늙은이가 평소 차 마시고 밥
먹은 일이다."

3) 활동과 입멸

대혜는 북송에서 남송으로 넘어가는 혼란한 시기를 살았다. 여
진족이 세운 금나라의 침략으로 송은 강남으로 수도를 옮겨 남송
(1127~1187)을 세웠다. 그 후 송나라 조정은 금나라와의 주화파
(主和派)와 주전파(主戰派)로 대립하였고, 당시 대혜는 주전파에
속해 있었다. 이때 대혜는 남송의 수도인 항주 경산사(徑山寺)에
서 사대부들과 교류하면서 간화선을 보급하고 있었다.

당시 송 조정은 재상 진회(秦檜: 1090~1155)의 주화파가 득세하면
서 주전파인 악비(岳飛: 1103~1141)와 한세충(韓世忠: 1089~1151),
장후(張後: 1086~1154) 등의 병권을 박탈하고 악비를 모함해 옥에

가둔 뒤 처형하였다.

진회는 대혜에게 주전파인 장구성(張九成: 1092~1159) 일당과 반역을 꾀했다는 혐의를 씌워 승복과 도첩(度牒)을 박탈하고 호남의 형주(衡州)와 광동의 해주(海州)로 16년 동안 귀양을 보냈다. 대혜는 유배지에서도 선비들과 교류를 이어갔다. 진회가 죽자 68세가 되던 소흥(紹興) 26년(1156) 10월 임금의 사면으로 항주로 돌아왔다. 2년 후 장준의 천거로 다시 경산사(徑山寺) 주지가 되었다.

4년 후 절강성 사명산 아육왕사(阿育王寺)로 거처를 옮겼다가 조정의 요청으로 다시 임안부(臨安府) 경산사(經山寺)로 돌아와 선법을 펼쳤다. 경산사 명월당(明月堂)에서 법랍(法臘) 58세, 세수(歲壽) 75세로 입적하였다. 당시 따르는 무리는 2천여 명에 이르렀다.

입적하기 전인 효종(孝宗) 융흥(隆興) 원년(元年: 1163) 음력 8월 9일 대중에게 "내가 내일 갈 것이다."고 말했다. 제자 요현(了賢)이 게송(偈頌)을 요청하자 성난 목소리로 말했다. "게송이 없으면 죽지도 못하겠구나!"라면서 큼지막하게 쓰면서 말했다.

"살아도 다만 이렇고 죽어도 다만 이렇다. 게송이 있든 없든 무슨 대단한 일이랴!(生也祇麽, 死也祇麽. 有偈無偈, 是甚麽熱!)"

대혜는 서장에서 이리저리 게송을 지어 남에게 보여주거나 서로를 시험해 본답시고 문답을 하는 시선(厮禪) 행위를 비판하고 있다. 송의 효종은 대혜에게 보각(普覺)이라는 시호(諡號)를 내리고, 탑호(塔號)를 보광(寶光)이라고 하였다. 저술로는 『대혜보각선사어록(大慧普覺禪師語錄)』30권이 대장경(大藏經)에 전해진다. 30권 본 『대혜보각선사어록』의 권(卷) 25~30에 해당하는 대혜서(大慧書)인 서장(書狀)은 우리나라의 간화선 정착에 큰 영향을 끼쳤다. 이 외에 『정법안장(正法眼藏)』 등의 저술이 있다.

사법(嗣法)제자로는 졸암덕광(拙庵德光), 만암도안(卍庵道顔) 등 90여 명에 이른다. 대혜는 법계상으로는 임제종(臨濟宗) 양기파(揚岐派) 4세에 해당하며, 오조법연(五祖法演), 원오극근(圓悟克勤)의 법을 부촉받았다.

| 간화선 |

대혜는 간화선을 확립했다. 그는 이전에 행해진 일상의 선문답 중에서 관청의 판례인 공안(公案)처럼 권위가 부여된 모범적인 선문답을 추출하여 이를 화두로 삼고 참구하여 자신의 진면목인 아공법공(我空法空)의 도리를 체득하도록 지도했다. 간화선의 발전 과정을 살펴보면 다음과 같다.

1) 여래선·조사선·간화선

선에는 여래선(如來禪)과 조사선(祖師禪), 간화선(看話禪) 등이 있다. 여래의 가르침인 대승경전을 기반으로 형성된 선을 여래선이라 하고, 경전을 벗어난 교외별전(敎外別傳)의 이심전심(以心傳心)으로 사자상승(師資相承)하는 것을 조사선이라 한다. 그러나 경전의 중시 여부와 상관없이 여래의 경계에 직입하는 것을 여래선이라 부른다는 견해도 있다.

조사선이라는 말은 육조혜능(六朝慧能: 638~713) 이후의 남종선에서 앙산 혜적(807~883)이 처음 사용하였다. 조사선은 선문답을 통해 제자들의 분별을 깨뜨리는 데 주력했다. 이런 선문답을 통해 스승과 제자가 이심전심으로 깨달음을 확인하고 계승해 나갔다. 그러나 세월이 흐르면서 선가(禪家)는 경전을 멀리하고 조사들의 전기만 읽고 기행과 일탈로 그들을 따라하는 폐단이 만연하였다. 그의 스승 원오극근이 『벽암록(碧巖錄)』을 저술할 때를 전후하여 수행자들이 공안에만 집착하여 공안의 이해와 암송을 선의 본분으로 여기면서 실제 수행은 소홀히 하였다. 이에 대혜는 이런 잘못된 풍조를 바로잡고자 벽암록을 불살라 버렸다.

조사선과 간화선의 차이를 보면 조사선은 스승이 제자의 분별을 끊어버림으로써 깨달음을 얻게 하는 것이다. 간화선은 엄선된 화두참구를 통해 스스로 깨달음을 얻는 데 주안점을 두었다. 조사선이 이심전심(以心傳心)을 중시했다면 간화선은 직지인심(直指人心)을 통한 견성성불(見性成佛)에 더 많은 비중을 두었다.

2) 묵조선 배격

대혜는 또한 간화선을 강조하면서 묵조선(默照禪)을 강하게 비판하였다. 그는 굉지정각(宏智正覺: 1091~1157)의 『묵조명(默照

銘)』에서 이름 붙여진 묵조선을 말라버린 나무처럼 무심(無心)에
만 치우친 사선(邪禪)이라고 비판했다. 그는 고요함만 추구하는
묵조선은 "돌로 풀을 눌러놓은 것과 같다." 면서 돌을 치우면 풀이
다시 자라나듯 참선이 끝나면 다시 번뇌가 돋아난다고 말하곤 했
다. 묵조선이 무념무상(無念無想)을 중시했다면 간화선은 화두일
념(話頭一念)으로 깨달음을 얻는 일에 주안점을 두었다. 대혜의
묵조선 비판에 대해 굉지정각은 "대혜의 간화선이 결코 제일의선
(第一義禪)은 아니다."라고 반박하였다. 그러나 사적으로는 대혜
가 굉지정각의 장례를 주관할 정도로 두 사람의 친분은 상당히 두
터웠다.

3) 선의 대중화에 기여

당시나 지금이나 조사선의 가장 큰 문제는 이심전심(以心傳心)
이다. 이심전심은 일대일 스승과 제자 간의 맞춤식 교육방식이다.
여러 사람에게 전파하는 대중화에는 한계가 있다. 스승을 모시고
살든가, 스승이 있는 특정한 장소로 찾아가서 수행하지 않고서는

이심전심이 이루어질 수 없다. 또 교외별전(教外別傳)을 주창하므로 스승 이외에는 의지할 곳이 없다.

이런 한계를 극복하기 위해 화두(話頭)라는 선사들의 선문답을 새겨서 스스로 해결하도록 하는 방법이 간화선이다. 일정한 스승이 항상 함께하지 않고 어느 곳에서나 제약이 없이 스스로 간화(看話)의 마음집중을 통하여 선 수행이 가능하기 때문이다. 간화선(看話禪)의 주창자인 대혜종고 스님 또한 장기간의 유배생활이라는 자유롭지 못한 환경에서 편지로 제자들을 지도해야만 했다. 이 같은 상황에서 사자상승의 이심전심은 불가능하다. 이러한 배경으로 화두가 선지식(善知識)을 대신하는 방편이 된 것이다. 간화선은 이러한 시대적 상황에서 선의 효율화와 대중화에 큰 도움을 주었고 그 전통은 지금까지 이어지고 있다.

대혜는 스승이 없이 스스로 뚫고 나아가야 하는 간화선의 단점을 극복하기 위해 항상 "분별하지 말라."는 충고를 게을리하지 않았다. 하지만 예나 지금이나 간화선의 문제점은 수행인들을 점검해줄 수 있는 눈 밝은 스승을 찾기가 어렵다는 데 있다. 또한 화두를 간(看)하는 방법에 대하여 다양한 주장이 있다는 것이다.

4) 선 수행의 흐름

선 수행의 변천사를 살펴보면 중국 선종의 초조인 보리달마(菩
提達磨)는 『능가경(楞伽經)』을 중시하였고, 이를 혜가(慧可:
487~593)에게 전했다. 이것이 달마선을 능가선이라 하는 이유이
기도 하다. 육조 혜능으로 내려와서는 『금강경』이 중시되었다. 마
조도일(馬祖道一: 709~788) 대에는 유식(唯識)을 차용한 설명이
자주 나타난다. "이 마음이 곧 부처다.", "평상심이 도다." 등과 같
이 마음을 떠나서 선을 설명하기는 어렵기 때문이다. 『무문관(無
門關)』에도 유식과 『능가경』, 『해심밀경(解深密經)』, 『화엄경(華
嚴經)』 등이 인용된다. 대혜종고 스님 시기에 오면 유식(唯識), 중
관(中觀), 반야(般若)는 물론 『화엄경』이 많이 인용된다. 그리고
상구보리(上求菩提) 하화중생(下化衆生), 육바라밀(六婆羅蜜)의
보살도(菩薩道), 자리이타(自利利他) 등의 대승교법(大乘敎法)이
자주 등장한다. 대부분 선사들은 깨달음을 위한 수행을 중시하였
지만 서장에는 사무량심(四無量心)이나 이타심(利他心), 선재동자
(善財童子)의 보현행품(普賢行品) 등 이타적인 대승교법이 많이
인용되고 있다.

교학적으로 대혜에게 영향을 끼친 인물은 무진(無盡) 거사 장상영(張商英: 1043~1121)이었다. 장상영은 송나라 때 재상을 지낸 인물로 불교에 조예가 깊었으며, 『호법론(護法論)』을 지었다. 대혜의 『화엄경(華嚴經)』과 『능엄경(楞嚴經)』 이해는 그의 영향을 많이 받은 것으로 전해진다. 대혜는 서장에서 『화엄경』을 가장 많이 인용하고 있다. 그러나 대혜는 운문종과 조동종 등 여러 종파에서 폭넓게 공부를 한 경험으로 인해 어느 종파에도 치우치지 않았다. 서장에서도 『화엄경』에 얽매이지 않고 다양한 경전을 적재적소에 인용하고 있다.

5) 수행과 경전의 관계

선공부를 하는 사람들은 이심전심(以心傳心)과 불립문자(不立文字)를 강조한 나머지 글을 완전히 배제하는 경향이 있다. 그 이유는 송대에 와서 황벽희운(黃檗希運: ?~850), 임제의현(臨濟義玄: ?~867)을 거쳐, 임제종이 황룡파(黃龍派)와 양기파(楊岐派)로 갈라지면서 경전에 의하지 않는 불립문자가 강조되었기 때문이다.

이와 함께 송대(宋代) 이후 불교가 힘을 받지 못하고, 사회적으로 관심의 대상이 되지 못하는 상황에 처하면서 선을 교학적으로 설명할 만한 걸출한 스승들이 많이 줄어들었다.

이 시기에 중국은 변방이 중원을 차지하고 있었다. 당송(唐宋) 시대를 지나면 원(元)·명(明)·금(金)·청(靑)의 주변국들이 대륙의 정권을 잡는다. 그러다 보니 티벳 불교가 유행하고 제대로 된 교학승과 선사들을 찾기가 어렵게 됐다. 특히 교학을 하는 스님들이 줄면서 선사들이 교학을 배제하는 분위기가 조성되었다. 따라서 어렵게 느껴지는 교학을 배제하는 불립문자라는 흐름은 오히려 일반인들에게 참신하게 다가오지 않았을까 한다. 당시 우리나라도 조선이 시작하면서 비슷한 상황이었다. 조선은 유교중심 국가이다 보니 스님들이 산중으로 밀려나 불립문자의 화두참선에만 매달리는 경향이 많았다.

선의 원류를 찾아보면 경전과 교학을 등한시 하는 것이 아닌데 하는 아쉬움이 남는다. 따라서 화두수행이 선과 교학 간의 균형을 어떻게 맞춰 나가느냐가 우리 시대의 숙제라고 할 수 있다. 한쪽에서는 교학만을 주장하고, 다른 한쪽에서는 교학을 배제해야 한다는 주장은 아직 상존하고 있다. 양극단의 흐름 가운데 과연 어떻게 접점을 찾아야 한국불교가 제대로 된 선불교의 정통성을 정립할 것인가? 이 같은 화두가 수행인들의 고민이다. 접점을 찾는다는 점에서 보면 서장이 뭔가 방향을 제시하고 있다. 대혜 스님은 화두수행의 가르침을 자신의 경험은 물론 다양한 대승경전을 빌려 설명하고 있다. 선종의 흐름 속에서 대승경전으로 설명을 덧붙이는 것을 보면 선이 교학과 함께 가는 흐름이 이어진다고 볼 수 있다.

6) 우리나라의 선 수행

고려시대 보조국사 지눌(普照知訥: 1158~1210)이 대혜의 간화선을 받아들이면서 오늘날에 이르고 있다. 지눌 이후 간화선은 꾸준히 발전하였다. 송나라 말, 원나라 초 승려인 몽산덕이(蒙山德異: 1231~1308)의 간화선풍이 풍미를 이루면서 간화선은 우리나라에서 뿌리를 내리게 되었다. 특히 무자(無字)화두는 보조지눌의 『간화결의론(看話決疑論)』, 진각혜심(眞覺慧諶: 1178~1234)의 『구자무불성화간병론(拘子無佛性話看病論)』, 서산휴정(西山休靜: 1520~1604)의 『선가귀감(禪家龜鑑)』에 빠지지 않고 그 중요성이 강조되고 있다.

　수행과 경전의 관계에 있어서 보조국사 지눌과 대각국사(大覺國師) 의천(義天: 1055~1101) 같은 분들은 선교겸수(禪敎兼修)를 주장하였다. 이러한 흐름을 감안하면, 지금도 선과 교의 균형을 유지해 가는 전통을 이어가는 것이 화두수행의 올바른 방향이 아닌가 한다. 선과 교의 긴장 관계는 교를 더욱 교답게 하고, 선을 더욱 선답게 하는 묘미가 있다.

차례

Ⅰ. 선공부의 시작

II. 선공부의 이해

Ⅲ. 선공부의 실천

IV. 선공부와 깨달음

禪

I
선공부의 시작

시간은 흐르고 흘러 순식간에 하루가 지나고,

하루가 가고 가서 어느새 그믐이 되었네.

한 달이 지나고 지나 어느덧 한 해가 되고,

한 해가 가고 가서 잠깐 사이 죽음의 문턱에 이르렀다.

(……)

사는 날 얼마나 남았다고 낮과 밤을 헛되어 보내며,

빈 몸뚱이 헛된 일생을 닦지 않는가?

이 몸 끝난 뒤에 다음 생은 어찌할까.

다급하고도 다급하지 않은가.

時時移移 速經日夜

日日移移 速經月晦

月月移移 忽來年至

年年移移 暫到死門

(……)

幾生不修 虛過日夜

幾活空身 一生不修

身必有終 後身何乎

莫速急乎 莫速急乎

원효(元曉)의 「발심수행장(發心修行章)」

일대사인연을 해결하라

들어가며

우리들의 일상은 보고 듣고 말하고 생각하고 행위 하는 인연의 일들로 이루어진다. 수많은 인연들이 잠시 꿈처럼, 환영처럼, 물거품처럼 나타났다 사라져간다. 옛 성현들은 이와 같이 생멸하고 있는 인연들은 각각 분리되어 독자적으로 있을 수 있는 게 아니라고 말씀하신다. 그러므로 여기에는 이것이다 저것이다 하면서 하나의 독립적 존재로 규정할 수 있는 일은 하나도 없다.

이러한 인연들은 예부터 지금까지 전혀 변하지 않고 사라진 적도 없는 하나의 밝음에 의해 드러난다. 이 사실에 어두운 우리들은 언제나 있는 이 밝음에 의지하여 이 밝음을 깨닫는 깊고 미묘한 공부 인연을 만났다. 이 일이야말로 우리들 일생일대의 하나뿐인 큰 일, 해결해야 할 일대사인연 아니겠는가? 대혜 스님의 편지 말씀을 경청(敬聽)해 보자.

서장 내용

설봉진각(雪峰眞覺)이 말했다.

"세월은 빨라 잠깐 사이에 혹 지나간다. 뜬구름 같은 세상에 누가 오래 머물 수 있겠는가? 비원령(飛猿嶺)을 넘어갈 때 서른둘을 바라보았으나 민(閩)땅으로 되돌아오니 벌써 40이 넘었구나. 남의 잘못은 자주 들추어낼 필요가 없다. 자기 허물을 부지런히 없애야 한다. 성안을 가득 메운 벼슬아치들에게 말하노라. 염라대왕은 금빛 물고기의 패찰(牌札)을 두려워하지 않는다."[1]

죽은 뒤에 끊어져 없어지는지 아닌지를 분명히 알고자 한다면 이것이 바로 염라대왕 앞에서 쇠몽둥이 맛을 보는 일임을 전혀 알지 못하는 것이다. 이 의문이 깨어지지 않으면 삶과 죽음을 흘러 다니면서 끝날 기약이 없을 것이다.[2]

사대부는 평소에는 학문을 닦지만 삶과 죽음의 경계와 화복(禍福)을 마주하면 손발을 허둥대는 사람이 대부분이다.[3]

만약 무상한 세월이 빨라 죽고 사는 일이 중대한데도 아직 자기

---

1) 왕내한(汪內翰) 언장(彦章)에 대한 답서(28-1).
2) 여랑중(呂郎中) 융례(隆禮)에 대한 답서(33).
3) 이참정(李參政) 태발(泰發)에 대한 답서(39).

일을 밝히지 못했다면, 삶과 죽음의 소굴을 부술 수 있는 한 사람의 본분작가(本分作家)를 한마음 한뜻으로 찾아서 그와 함께 죽기를 각오하고 공부를 시작하라. 맞붙어 버티다가 문득 어둠(無明)을 부수면 바로 철저한 깨달음을 얻는 곳이 되느니라.[4]

다시 보기

모든 것이 꿈과 같다. 공부도, 직장도, 가족도, 사회도 모두가 그렇다. 마지막에 풀어야 할 큰일은 나 자신의 오고 가는 문제다. 납월(臘月)은 음력 섣달 즉, 죽는 날을 의미한다. 납월까지 이 소식을 어떻게 구할 것인가? 하는 것이 살아 있는 사람들이 풀어야 할 마지막 숙제다.

젊을 때부터 수행을 해야 한다고 했지만 살다 보니 바빠서 이 핑계 저 핑계 대면서 세월 가는 줄 모르고 살아왔다. 직장에서 은퇴하고 할 일이 없어지면 시간을 주체하지 못하고 생각나는 대로 하고픈 일과 못 했던 일들을 찾기 바쁘다. 흡사 쾌락 외도들처럼 보상 심리와 함께 그동안 하고 싶었던 일들을 즐기는 것이 인생의 전부라는 사람들이 많다. 보기에는 그럴듯해 보이지만 아직도 사람들과 세상일에 집착하여 서로 엉켜있다. 마지막으로 인생의 방향을 한번 바꿔야 하는데 이것이 바로 일대사인연이다.

---

4) 손지현(孫知縣)에 대한 답서(60).

사람에게 오고 가는 문제만큼 더 중요한 게 어디 있겠는가? 나이 든 사람한테는 가장 두렵고 중요한 부분이 죽음의 문제이다. 이것은 인생의 본분사의 일로, 결국 깨달음이라는 정신적인 문제와 연관되어 있다. 일대사인연이란 깨달음의 문제이다. 깨닫지 않으면 생사를 극복할 수 없다. 누구나 근본적으로 갖고 있는 죽음에 대한 공포와 두려움을 정신적인 깨달음으로써 극복하려는 간절한 마음을 가져야 한다.

마지막 회향처가 마음수행이다. 몸은 어차피 무상하고 죽음을 면치 못한다. 마음으로 몸을 이길 수 있는 힘을 가진 사람만이 죽음을 극복할 수 있다. 열심히 마음공부하면 염라대왕 앞에 가서도 큰소리 칠 수 있다. 염라대왕은 살아생전의 벼슬 따위를 따지지 않는다. 해탈해 버리면 염라대왕이 어디 있고 혼령의 세계가 어디 있겠는가? 그대로가 적멸이고 해탈이다. 집착이 끊어지면서 자연스럽게 죽음을 받아들일 수 있는 그런 마음공부가 돼야 한다.

애벌레의 변신은 나비의 시작이다. 그러나 애벌레는 자기가 애벌레로 끝나는 줄 안다. 애벌레가 변신해야 나비가 된다. 애벌레는 나비가 아름답게 태어나서 이 세상을 이렇게 아름답게 가꾸고 있는 줄 모를 것이다. 우리도 마찬가지다. 하루하루를 애벌레처럼 살지만 마지막 죽음의 순간에 우리가 진짜로 나비가 되는 그런 화려한 미래를 통찰해야 한다.

죽음을 두려워할 것이 아니라 죽음 이후에 내가 나비가 되는 세계를 맞이해야 한다. 우리는 어느 순간에 이렇게 뚝 떨어졌다. 그래서 두렵다. 이 책의 주인공들은 다 죽음에 대한 두려움을 갖고 있다. 죽음은 불특정한 시간과 불특정한 장소에서 생기는 미래의 일이다. 알 수 없는 미래는 공포가 잠재해 있다. 젊음이 가고 늙음이 온다는 이분법적인 분별심은 우리의 마음이다. 현재의 우리는 예전 같지 않으며 미래에도 현재 같지 않을 것이라고 생각한다. 그래서 내 마음을 조화롭게 대처할 수 있으려면 마음이 깨어 있어야 한다. 깨어있는 마음 이외에는 의지할 바가 없다.

그동안 아프고 힘들고 어려워도 마음으로 모든 것을 잘 이겨내 왔듯이, 이 세상을 새로운 마음으로 견디다 보면 어느 순간 또 애벌레가 나비가 되는 소중한 순간이 한번 오지 않겠는가? 그때는 백척간두에서 그냥 애벌레 껍질을 확 벗고 나비처럼 장대 위에서 날아버리는 그런 순간이 있을 것이다. 중생은 번뇌를 번뇌로만 집착하고, 마음 공부하는 사람은 번뇌를 도(道)로 전환시킨다. 번뇌가 없으면 깨달음이 없다. 번뇌가 곧 해탈이기 때문이다. 반야심경의 핵심은 도일체고액(度一切苦厄) 즉, 일체의 괴로움을 건너는 것이다. 어차피 인생은 고(苦)인데 이 고액을 어떻게 건너느냐가 문제이다. 반야심경을 뒤집어서 다시 써보면 우리가 나아갈 길을 이해하기가 쉽다.

"사리자여, 어떻게 이 괴로움을 벗어나겠는가? 괴로움의 원인은 우리 마음에 있고, 대상에 있다. 마음이 공(空)하고 대상이 공(空)한데 괴로움의 흔적이 어디 있겠는가? 그런데도 괴로워한다. 왜 괴로워지는가? 색·수·상·행·식(色·受·想·行·識)이 있다고 생각하고, 오온(五蘊)이 있다고 생각하고, 생사가 있다고 생각한다. 거꾸로 뒤집어진 생각인 전도몽상(顚倒夢想) 때문이다. 그러나 이를 되돌려 반야바라밀다의 지혜에 의지하면, 이것이 모두 공(空)한 것을 알게 되고, 일체의 괴로움을 벗어나게 된다. 일체 고액을 벗어나는 길은 반야의 지혜를 깨달음이 제일이다."

중생이 일체의 고뇌 속에서 벗어나지 못하는 것은 업장에 의해서 내 견해에 집착하고 분별심을 갖기 때문이다. 나의 모든 것이 공한 것을 알고 세상도 공한 것을 알면 일체고액으로부터 벗어난다. 일평생을 번뇌 속에 살고 있으면서도 인생의 막바지에서조차 이를 벗어나려고 노력하지 않는다. 그래서 평생의 숙제인 깨달음을 구해야 하지 않겠느냐는 대혜선사의 일대사인연의 외침이 있다.

오고 가는 문제를 십이연기의 순관(順觀)과 역관(逆觀)에서 생각해 본다. 무명(無明)·행(行)·식(識)·명색(名色)·육처(六處)·촉(觸)·수(受)·애(愛)·취(取)·유(有)·생(生)·노사(老死)의 순관을 통해 무명에서 노사의 괴로움이 오는 원리를 안다. 반대로 역관을 통해서 무명이 없으면 노사와 괴로움이 없다는 결론에 도달할 수 있다. 인연 따라온 것이 순관이라면 그 인연을 거슬러서 그 근원으로 돌아가는 것이 역관이다. 인연 따라 순관으로 흘러오는 것이 중생의 삶이다. 그것을 알면 역관을 통해서 그 근본 원리를 따지고 들어가서 마침내 깨닫게 되는 것도 인연이다. 순관과 역관은 삶의 현장 속에서 우리들의 마음가짐에 따라 순환적으로 일어나는 인연의 결과이다.

    사성제(四聖諦) 또한 순관과 역관의 인연이 합해져 있는 구조이다. 괴로움〔苦〕이 있다면 반드시 그 원인〔集〕이 있고, 원인이 없어지면〔道〕 괴로움도 없어진다〔滅〕. 순관으로 그 원인을 알고 역관으로 그 원인을 해결하는 것이다. 순관과 역관은 마음에서 일어나는 인연의 통찰이다. 최소한 생의 막바지에서 그것을 통찰할 수 있는 공부가 되어야 한다. 이것이 일대사인연을 깨닫는 일이다.

큰 서원을 세워라

옛 성현들은 우리들 일상을 오고 가는 여러 인연들이 모두 다 한 마음 바탕에서 일어나고 사라지는 일임을 밝게 보았다. 한 마음에는 변화하지 않고 항상 하는 진실의 측면과 때에 따라 요동치며 변화하는 측면의 마음이 있음을 알게 된다. 우리 마음은 성급한 원숭이같이 여기 저기 쓸데없이 옮겨 다니며 이것저것 붙잡아보려 애를 쓴다. 또 쉼 없는 생각의 파도들은 왔다 갔다 참으로 변화무쌍하다. 이렇게 변덕이 죽 끓듯 변화하는 마음으로는 일상의 작은 일 하나 한결같이 해내기가 쉽지 않다. 하물며 일대사인연의 큰 공부 일은 어떠하겠는가? 그래서 옛 성현들이 큰 서원의 힘이 필요하다고 고구정녕(苦口叮嚀) 말씀하시지 않았겠는가? 대혜 스님의 편지 말씀을 경청(敬聽)해 보자.

서장 내용

"원컨대 이 마음을 단단히 하여 영원히 물러서거나 잃어버리지 않겠나이다. 모든 부처님의 가피(加被) 덕분에 선지식을 만나 한마디 말을 듣자마자 문득 분별심이 녹아 없어지고 위없이 바르고 평등한 깨달음을 이루겠나이다. 부처님의 혜명(慧命)을 이어 모든 부처님의 끝없는 은혜에 보답하겠나이다."

이같이 계속하면 깨닫지 못할 이유가 없다. 노력하면 보현(普賢)의 털구멍 세계에 들어가서는 하나의 털구멍에서 말할 수 없는 불국토(佛國土)와 티끌만큼 많은 세계를 지나서, 보현과 같아지고 모든 부처님의 세계와 같아진다. 부처님의 행동과 같아지고 해탈자재하여 둘이 아니고 다르지 않다. 비로소 삼독(三毒)을 돌려 모든 계율을 잘 지키는 삼취정계(三聚淨戒)가 이루어진다. 육식(六識)을 돌려서 분별없는 감각작용인 육신통(六神通)을 이룬다. 무명을 돌려 전식득지(轉識得智)하면 지혜가 우러나온다. 습기가 모두 사라지고 죄도 사라진다. 눈앞의 경계도, 부귀와 은혜와 사랑도 모두 사라진다. 지옥과 천당도 사라지고 번뇌도, 업(業)도 없다. 이때가 되면 삼세의 모든 부처님과 역대 조사의 방편이 전부 헛된 말이 된다. 이미 대나무 의자에 방석을 놓고 앉아 반려(伴侶)로 삼으니 선재가 최적정발원문(最寂靜婆羅門)을 만난 것과 같다. 이와 같이 공부해 나가면 의심할 바 없이 무상보리(無上菩提)를 이룬다.[5]

"개에게는 불성이 없다."는 것을 깨닫고 한 경지에 도달했다면 마땅히 이 법문(法門)으로 대(大)자비심을 일으켜 순조롭거나 거슬리는 경계 속에서 진흙탕과 물속으로 들어가라. 목숨을 아끼지 말고 구업(口業)을 짓는 것을 두려워 말라. 모두를 건져 내어서 부처님의 은혜에 보답하라. 그렇게 하는 것이 바로 대장부가 할 일이다.[6]

다시 보기

1. 선공부의 시작은 마음을 깨우는 발심(發心)이다

모든 일은 마음에서 시작된다. 지금까지 살아오면서 모든 일들이 그래 왔듯이 마음이 일어나는 순간에 세상이 펼쳐지기 시작한다. 그때그때 어떤 마음이었는지 잘은 모르지만 지금까지 마음은 잠시라도 쉰 적이 없다. 대상에 끌리고 일에 끌려서 마음이 일어나기도 하고, 마음이 일어나서 대상과 일을 취하기도 한다. 마음이 일어나지 않고는 어느 것도 얻을 수 없다. 또한 얻는 바도 마음을 떠나서는 얻을 바가 없다. 마음 밖에는 어떤 것도 있지 않기 때문이다.

---

5) 증시랑(曾侍郞) 천유(天游)에 대한 답서(2-1).
6) 유보학(劉寶學) 언수(彦修)에 대한 답서(22).

선공부의 시작은 바로 이 마음이 일어나는 그 순간 격발(擊發)하는 형태 없는 점(點)과 같은 움직임을 포착하는 일이다. 대상을 따라 마음이 움직이는 것이 세상의 일이고, 그렇게 훈련되고 훈습된 것이 우리들의 마음이다. 이렇게 세상에 끌려 다니다 보니 세상이 주인인지 내가 주인인지 구분하기가 어렵다. 그래서 선공부의 시작은 본래 주인공인 이 마음을 바로 가리키는 직지(直旨) 인심(人心)이다. 잠들어 있는 주인공인 이 마음을 깨우는 일이 발심이다.

2. 선공부의 이정표가 서원이다

서원(誓願)은 발심한 마음 위에 앞으로 나아갈 방향을 정하는 일이다. 화살이 날아가는 방향이 조금만 달라도 결과는 확연하게 차이가 난다. 나아갈 방향을 확실하고 뚜렷하게 정해서 우뚝 세우는 일을 서원(誓願)이라고 한다. 선공부의 서원 목표는 바르고 평등한 깨달음이다. 깨달음은 마음의 변화이다. 마음을 구성하는 제8식을 근본식이라 하고, 나머지 전5식, 제6식, 제7식은 근본식을 의지하여 변한 식(識)이기에 전식(轉識)이라 한다. 그래서 제8식은 모든 식이 의지하는 바탕인 소의(所依)가 된다. 소의(所依)인 제8식이 변하지 않으면 나머지 전식도 변할 수 없다. 소의(所依)가 변하는 것을 전의(轉依)라고 한다. 식(識)의 전의가 이루어지는 것을 전식득지(轉識得智)라고 한다. 식(識)이 지혜로 변화하는 것을 말한다.

전5식의 감각의식이 그 대상에 대하여 바르게 인식하는 성소작지(成所作智)로, 제6식 의식이 대상을 지혜롭게 관찰하는 묘관찰지(妙觀察智)로, 제7식이 자아에 대한 집착을 벗고 자타 평등한 지혜인 평등성지(平等性智)로, 제8식에 저장된 업력을 정화하여 거울같이 맑은 대원경지(大圓鏡智)로 전환한다.

결국 번뇌의식이 지혜로 변하는 것이 깨달음이다. 깨달음은 곧 지혜(智慧)이다. 깨달음을 이루어 지혜의 맥을 이어가겠다는 발심(發心)이 곧 서원이다. 그것이 나를 통해서 많은 중생들에게 전달되기를 서원한다.

혜명(慧命), 즉 지혜의 맥을 잇겠다는 것은 깨달음의 지혜를 통하여 부처와 하나가 되고, 중생과 하나가 되는 것이다. 내가 깨달음을 얻는 것을 넘어 나를 통해서 지혜가 세상으로 확산되어 가는 역할을 하겠다는 대서원이다. 상구보리와 하화중생이 만나는 지점이다. 보현의 털구멍 세계로 들어간다는 것은 보현의 실천행과 하나가 된다는 의미이며, 하나가 되면 보현의 세계와 합일된다. 보현의 세계에 바로 들어가면 중생과 내가 하나가 되는 경지인 자타일여(自他一如)가 된다. 나아가 시방의 모든 부처님을 만나고 모든 깨달음의 세계를 볼 수 있다. 불국 세계와 하나가 되는 단계이다. 이미 보현과 하나 된 경지에서는 너와 나의 모든 분별이 사라지고 대자비심과 같은 몸일 뿐이다. 나를 위하여 마음을 깨우지만 결국 모두를 위한 서원으로 나아간다.

신념은 깨달음의 근원

들어가며

굳게 믿는 마음은 긴 공부 여정의 첫걸음이다. 믿는 마음이란 어떤 마음의 상태를 말하는 것일까? 믿는 마음은 둘이 아니요, 둘이 아닌 것이 믿는 마음이라는 성현의 말씀이 있다. 둘이 아닌 우리의 본래 마음을 깨닫는 일이 진정한 믿음의 일이 되는 것이다. 이 순간, 선가(禪家)에 전해지는 스님들의 이야기가 떠오른다. 좌선하고 있는 제자 옆에서 스승은 벽돌을 갈아 거울을 만들려 한다. 물론 제자의 잘못을 일깨워주기 위함이다. 벽돌을 갈아서 거울을 만들 수 없는 것처럼 좌선을 한다고 깨달음이 얻어지는 것이 아님을 일깨우고 있다. 마음은 본래로 한바탕의 일이므로 깨달음의 일이 가능하다. 이것을 믿는 믿음이야말로 이 공부 여정에서 무엇보다 중요한 대목이 아닐는지? 대혜 스님의 편지 말씀을 경청(敬聽)해 보자.

서장 내용

남악회양(南嶽懷讓) 스님이 마조(馬祖) 대사에게 설법하길 "비유하건대 소가 수레를 끌고 있는데 수레가 움직이지 않으면 수레를 때려야 하는가? 소를 때려야 옳은가?" 하였다. 마조는 그 말을 듣고 즉시 돌아갈 곳을 깨달았다.[7]

부처님이 말씀하셨다.

> "믿음은 도의 근원이며 공덕의 어머니다. 모든 선법(善法)을 기르고, 의심의 그물을 끊어버리고 갈애(渴愛)의 흐름에서 해방되게 하며, 위없는 열반의 도(道)를 열어 보인다."

또 말씀하셨다.

> "믿음은 지혜의 공덕을 기르고, 믿음은 반드시 여래의 지위에도 도달하게 한다."

근기가 둔한 사람이 아직 철저히 깨닫지 못했다면 우선 깨달음의 씨앗을 마음 밭에 심어야 한다. 이런 말은 흔히 하지만 깊은 뜻이 들어있다. '할 수 있다'는 마음만 갖추면 속는 일은 없을 것이

---

7) 강급사(江給事) 소명(少明)에 대한 답서(12).

다.[8]

부처님이 거듭 말씀하셨다.

"믿음은 도의 근원이고 공덕의 어머니로서 모든 선법(善法)을 길러
준다."

또 거듭 말씀하셨다.

"믿음은 지혜의 공덕을 잘 키워주며, 믿음은 반드시 여래의 지위에
도달하게 한다."

천 리 길도 한 걸음부터다. 십지보살(十地菩薩)이 장애를 끊고
진리를 깨달은 것은 처음에 십신(十信)으로 들어간 뒤 십주, 십행,
십회향 이렇게 해서 마지막 법운지(法雲地)에 올라 올바른 깨달음
을 달성했다. 처음 환희지(歡喜地)는 믿음으로 인해 환희가 생기
기 때문이다. 진정으로 정신을 차려 세간과 출세간에서 헤아릴 수
없는 사람이 되고자 한다면 모름지기 무쇠로 만든 사람이라야 마
침내 끝장낼 수 있다. 만약 반은 밝고 반은 어두우며 반은 믿고 반
은 믿지 않는다면 결코 끝장낼 수 없다.[9]

---

8) 조대제(趙待制) 도부(道夫)에 대한 답서(19).
9) 허사리(許司理) 수원(壽源)에 대한 답서(20).

이문화(李文和) 도위(都尉)가 석문자조(石門慈照) 스님을 만나 한마디를 듣고 단박에 깨닫고 읊은 게송이다.

"도를 배우려면 모름지기 무쇠로 만든 사나이가 되어야 한다. 손을 대는 마음에서 바로 판가름이 난다. 곧장 위없는 깨달음만을 추구할 뿐 어떠한 시비에도 관여하지 마라." [10]

이 도를 배우려면 확고한 뜻을 가져야 한다. 만약 확고한 뜻이 없다면 마치 남의 말을 엿듣고 헤아리는 사람과 같다. 남이 동쪽이라고 하면 곧장 그의 말을 따라 동쪽으로 쫓아가고, 서쪽이라고 말하면 서쪽으로 따라가는 꼴이 된다. 만약 확고한 뜻이 있다면 물샐틈없이 장악하여 주인노릇을 할 것이다. [11]

다시 보기

대승의 믿음을 깊은 믿음인 심신(深信)이라 한다. 대승의 깊은 가르침으로 통찰의 지혜를 얻고, 이 가르침이야말로 깨달음으로 가는 일불승(一佛乘)의 길임을 굳게 믿는 것이다. 우리들의 마음에서 선을 일으키는 선심소(善心所) 중에서 첫 번째 심소가 믿음

---

10) 허사리(許司理) 수원(壽源)에 대한 답서(20).
11) 탕승상(湯丞相) 진지(進之)에 대한 답서(62).

(信)이다. 그래서 믿음은 도의 근본이라고 한다. 근본은 마음속 깊은 곳의 출발점이고 중심을 말한다. 그래서 깊은 믿음이라 한다.

마음공부를 하다 보면 어느 순간 마음으로 다가오는 것이 있어도 앞뒤로 따지고 분별하다 보면 기회를 놓치는 경우가 많다. 그것은 바로 신념의 문제이다. 논리와 생각으로 따지고 앞뒤를 분별하다 보면 도를 얻기 어렵다. 이런 병폐가 분별심이다. 분별심이 없이 바로 직입하는 신념이 필요하다.

신념(信念)이라는 신(信) 자는 '믿는다'는 의미다. 단순한 믿음이 아니고 대승의 교법에 확신을 갖는다는 것이다. 염(念) 자는 깊이 마음에 새기는 '사띠'를 말한다. 굳건한 신념이라는 것은 매 순간 이어지는 사띠의 작용처럼 대승의 깊은 믿음이 항상 함께하는 그런 상태를 의미한다. 특히 간화선에서는 지속적인 화두 참구가 필수이기에 신념이 더욱 필요하다.

선에서는 '너의 마음을 그렇게 결정하라'고 한다. 중요한 것은 그렇게 알았으면 지금 당장 그렇게 행동하라는 것이다. 소는 우리의 마음이고 수레는 마음을 싣고 다니는 몸이다. 마조 스님이 처음 선을 배울 때에 채찍질을 해야 할 곳이 마음이라는 것을 알았고, 그 부분에서 마조 스님이 길을 찾은 것이다.

'마치 돌로 풀을 눌러 놓은 것과 같다'는 말이 자주 등장한다. 돌만 치우면 언제든지 또 풀이 올라온다는 의미다. 그래서 옳은 선사가 되려면 신념이 중요하다. 딱 듣고 '이것이다' 하면 그냥 거기에 직입(直入)해야 한다. 그래서 화두 수행할 때는 책을 보지 말라고 한다. 화두 하나만 붙잡고 전쟁터에서 전진하는 장수(將帥)와 같은 자세를 가져야 한다. 대혜 스님이 한순간 딱 붙들고 가보라고 격려하는 것은 신념과 용기의 믿음이 필요하다는 뜻이다.

믿음의 마지막은 깨달음에 도달하는 것이다. 아직 깨닫지 못했을 때 깨달음의 씨앗이 바로 믿음이다. 선사의 이야기를 믿는 것도 중요하지만 본성이 청정한 것을 믿어야 한다. 본래 내가 청정하다는 믿음이 있어야 여래로 나아간다. 달마는 본성이 청정함을 믿으라 했고, 마조는 평상심이 도라고 믿으라 했다. 본성이나 본심은 쉽게 알기가 어렵다. 그래서 선사들은 믿으라고 한다.

무쇠로 만든 사나이는 믿음으로 무장된 사람이다. 대승불교의 합치되는 견해가 본성에 대한 믿음이다. 대승은 믿음으로 출발한다. 신심이 확고해야 깨달음으로 갈 수 있다. 중생의 본성이 본래 부처라는 것을 믿고 수행해야 된다는 가르침이 『능가경(楞伽經)』이고 여래장설(如來藏說)이다. 대승의 깨달음은 분석적이고 논리적 체계를 벗어나는 부분이다. 언어를 초월하는 부분이다. 선에서 언어도단(言語道斷)이라는 얘기는 이것저것 많이 알다 보면 서로 충돌되어 오히려 도와 멀어지기 때문이다. 『능가경』이나, 『반야경』 한 구절, 조사의 화두 하나에 몰두하는 집중력이 필요하다. 일점(一點)에 응축된 강한 신념을 가지고 밀어붙여야 한다. 그리고 얻음이 있거든 그때부터 모든 대승경론(大乘經論)을 읽어보면서 그것이 자기 도리와 맞는지를 스스로 점검할 수 있다. 생각으로의 믿음은 온전하지 않다. 생각은 자주 변하고 자꾸만 물러서기 때문이다. 보다 깊은 정서적인 내면의 굳건한 신념과 같은 믿음이 필요하다. 마음의 구조가 전5식, 제6식, 제7식, 제8식으로 이루어져 있다면 바로 마음의 제일 깊은 곳인 제8식 위에서 믿음을 일으켜 한 길로 힘을 기울여야 한다. 전5식이나 제6식 등 표면의식과 가까운 것들과 같이 하려고 하다 보면 서로 충돌이 된다. 위의 것을 걷어 내 버리고 바로 그 안쪽으로만 꾸준하게 파고 들어가면 마음속 깊은 세계를 볼 수 있을 것이다.

그래서 믿음을 온전하게 하는 것은 근본식에 가까운 깊은 내면의 믿음이다. 선공부는 없는 것을 만들지 않는다. 편안하게 자기 본성으로 돌아가서 마음의 본래 모습인 본성에 몰두한다. 그러다 보면 자연스럽게 깨달음은 멀지 않을 것이다. 화두라는 방파제를 만들어 다른 생각이 일어나지 않도록 하다 보면 본성이 확연하게 드러난다.

금생에 해결하라

들어가며

조금만 주의를 기울여 환기하고 살펴보자. 금생이나 내생이 어디 따로 있을 수 있는 일이던가! 지금 여기, 이 허공 같은 마음에서 금생 하면 금생이 나타나고, 내생 하면 내생이 나타난다. 우리가 아는 이 세상 모든 것은 이와 같이 출현하고 있다. 『금강경』의 버전으로 이해해 보면, 금생은 금생이라는 어떤 대상으로 실체가 있는 것이 아니고, 다만 이름이 금생일 뿐이다. 그렇지 않은가? 금생, 내생은 지금 여기 우리들의 생각 속의 일이고, 그에 따른 말일 뿐이다. 그래서 언제나 늘 지금 여기이고, 언제나 늘 금생이다. 금생에 해결하라는 당부는 절실하고 간절한 발심을 하여 긴 공부 여정에 참여하라는 자비로운 경책의 언어 아닐는지? 대혜 스님의 편지말씀을 경청(敬聽)해 보자.

서장 내용

요즘 선비는 느려야 할 곳에서 외려 급하게 가고 급해야 할 곳은 외려 게으름을 부린다. 방거사가 말했다.

> "독사가 바짓가랑이 속으로 들어오면 이것이 어떤 때인지 종사(宗師)에게 한번 물어봐라."

어제 일도 외려 오늘 기억하지 못하는데 멀리 떨어진 전생 후생 일을 어떻게 잊어버리지 않을 수 있겠는가? 반드시 금생에 밝게 통하려면 부처도, 조사도 의심하지 말고 삶도, 죽음도 의심하지 말고 오로지 결정적인 믿음과 뜻을 갖추고 순간순간 머리에 붙은 불을 끄듯이 해야 한다. 만약 "나는 둔근기라서 이번 생에는 끝낼 수 없으니 우선 부처의 종자를 심어 인연이나 맺어 놓아야겠다."고 생각한다면 이것은 앞으로 가지도 않으면서 도달하기를 바라는 것과 같다.[12]

만약 여기에 의지해 공부하면 깨닫지 못한다 할지라도 옳고 그름을 분별할 수 있어서 삿된 마장에 장애받지 않을 것이다. 또한 반야의 씨앗을 깊이 심을 수 있어서, 비록 금생에 깨닫지 못한다 할지라도 내생에 태어나서는 쉽게 닦을 것이다. 또한 힘을 낭비하

---

12) 조대제(趙待制) 도부(道夫)에 대한 답서(19).

지 않고 악업에 끌려가지 않고 죽음에 이르러서는 업을 바꿀 수 있을 것이다. 하물며 한순간에 딱 들어맞는다면 어떻겠는가?[13]

비록 금생에는 아직 확실히 깨닫지 못한다 해도 이렇게 버티어서 섣달 그믐날에 이르면 염라대왕도 삼천 리는 물러나야 할 것이다. 순간순간 반야 가운데 있어서 다른 생각이 없고 끊어짐이 없기 때문이다.[14]

만약 마음을 반야 위에 둔다면 비록 금생에 끝내지 못해도 씨앗을 깊이 심을 수 있어서, 죽음이 임박했을 때 업을 짓는 의식에 끌려가서 온갖 악도에 떨어지지는 않을 것이다. 육신을 갈아입고 생각을 바꾸더라도 자기 자신을 어둡게 할 수 없을 것이다.[15]

석두 스님이 말했다.

> "현묘(玄妙)함을 참구하는 사람에게 이르노니 세월을 헛되이 보내지 마라."

이 한마디 말을 눈뜰 때도 놓치지 말고, 눈을 감을 때도 놓치지 마라. 생각을 잊을 때도, 마음을 붙잡고 있을 때도 놓치지 마라. 시

---

13) 여사인(呂舍人) 거인(居仁)에 대한 답서(35-2).
14) 증종승(曾宗丞) 천은(天隱)에 대한 답서(40).
15) 탕승상(湯丞相) 진지(進之)에 대한 답서(62).

끄러울 때도, 고요할 때도 놓치지 마라.16)

다시 보기

인생에서 중요하지 않은 순간은 없다. 인생은 잠시라도 끊어질 수 없기 때문이다. 살아서 죽을 때까지 방심할 수 없다. 언제 어떻게 어떤 순간이 닥칠지 알 수 없기 때문이다. 좋은 일도 그렇고 나쁜 일도 그렇다. 일상의 연속이며, 진행형이다. 세상일은 본래 속성이 무상하여 쉴 수도 있고 끊어질 수도 있지만 본성(本性)을 찾는 일은 본래로 있는 일이기에 단절됨이 없다. 그 성질이 항상하기에 이 길에 임하는 자세도 그래야 한다. 의도적으로 멈추거나 쉬려고 하는 그 자체는 이 일과 관계가 없다. 자세와 성품이 같아야 합일(合一)이 된다. 이미 합일이 되고 나면 쉬거나 멈추어도 아무 상관이 없다. 본래의 성향이 그러하기 때문이다.

화롯불을 이마에 이고 있듯이 바지 속으로 독사가 들어오는 그때는 절박한 때이다. 이렇게 공부하라는 뜻이다. 금생에는 어차피 깨달음은 멀고 자비희사(慈悲喜捨)의 공덕이나 많이 쌓아 내생에 좋은 인연 만나 깨닫기를 서원하자고 생각하면 안 된다. 이것은 해 보지도 않고 자기가 도달하지 못한다고 생각하는 것이고, 깨달을 수 있다는 믿음이 부족한 것이다.

---

16) 유통판(劉通判) 언충(彦沖)에 대한 답서(23).

내생을 기약한다고 반드시 깨달음을 얻을 수도 없다. 공덕을 쌓는 일과 깨달음을 구하는 일이 둘이 아니다. 깨달음이 없이 공덕만 쌓을 수는 없다. 깨달아야 지혜가 있고 지혜가 있어야 마음에 머물지 않는 무주상(無住相)의 공덕을 짓게 된다. 진정한 공덕은 쌓고 모아서 되는 일은 아니다. 쌓을 것도 없고 버릴 것도 없는 이 자리가 그대로 이렇다는 지혜의 각성이 절실하다. 절실한 각성을 두고 어느 시절 어느 순간을 다시 기다릴까? 지금 이 순간 금생에 끝내고 말겠다는 자세로 공부해야 염라대왕 앞에서 두려워하지 않고, 그 과보로 내생에서도 제대로 수행할 수 있다. 시간만 보내고 지금까지 이렇게 살아 왔는데 이제 눈이 열리려고 하는 이 순간이 중요하다. 이 순간을 놓치면 다시 얻기가 어렵다. 알면서 놓치기는 아깝다.

사물을 좇으면 중생을 면치 못한다

들어가며

　일체 모든 것의 근간을 선문(禪門)에서는 '마음'으로 설명한다. 마음 밖에 불성이 없다거나 마음 밖에 다른 사물이 있지 않다는 말은 공부 길에서 자주 듣게 되는 말이다. 그렇다고 마음이란 어떤 한 물건이 실체적으로 있는 것도 아니다. 우리들 일상의 일들은 이러한 마음을 근원으로 한다. 마음은 가만히 있는 것이 아니라 늘 활발하게 살아 움직인다. 이러한 순간, 우리는 텅텅 빈 본래 마음자리는 놓쳐버리고, 일어난 인연의 일들을 특별한 대상경계로 구분 짓는다. 그러고는 그것들을 하나의 고정된 실체로서 규정하며 그것을 사물로 여긴다. 이렇게 진실을 왜곡하는 모든 인식의 행태를 분별망상이라 한다. 이 분별망상을 좇아가 사로잡히는 것은 없는 사물을 있다고 착각하는 무지몽매한 중생의 일이다. 우리 어떠한가? 대혜 스님의 편지 말씀을 경청(敬聽)해 보자.

서장 내용

암두(巖頭) 스님이 말했다.

"사물을 물리치는 것은 좋은 것이고 사물을 뒤쫓아 가는 것은 나쁜
것이다."[17]

중생은 반대로 자신을 잃어버리고 사물을 좇아 수많은 것을 탐
낸다. 단맛을 바라다가 마음에 수없는 고통을 받는다. 매일 아침
눈을 뜨기 전 침상에서 반쯤 깨었을 때, 벌써 의식이 어지러이 떠
다녀서 망상을 따라 도도히 흐른다. 선한 행위와 악한 행위가 아직
드러나지 않았는데도 침상에서 내려오기도 전에 마음속에서는 이
미 천당과 지옥이 몽땅 이루어져 있다. 그러다 행동으로 드러나면
벌써 업의 씨앗을 아뢰야식에 심은 것이다.

"눈·귀·코·혀·몸통·의식은 모두 자기 마음이 드러난 것이다. 기
세간(器世間)과 몸 등은 장식(藏識)이 스스로 망상하는 모습으로 드러
난 것이다. 강물 같고 씨앗 같고 등불 같고 바람 같고 구름 같아서 찰나
사이에 이리저리 뒤바뀐다. 성급하게 움직이는 게 원숭이 같고, 더러
운 곳을 좋아하는 게 똥파리 같다. 만족함이 없는 게 바람 앞의 등불과
같다. 시작도 없는 때로부터 헛되고 거짓된 습기(習氣)가 원인이 되어

---

17) 증시랑(曾侍郎) 천유(天游)에 대한 답서(3-2).

육도(六道)를 따라 흘러서 돌고 돌며 멈추지 않는 것이 우물의 물 긷는 도르래와 같다."

　이것을 알고 나면 곧 사람도 없고 자기 자신도 없다. 천당과 지옥이 딴 곳에 있는 것이 아니라 다만 자신이 반쯤 잠에서 깨어 아직 침상에서 내려오지 않을 때의 마음속에 있다. 천당과 지옥이 밖에서 오는 것이 아님을 반드시 알아야 한다. 선악의 마음이 드러나려 하면서도 아직 모두 드러나지 않고, 잠에서 깨어나려 하면서도 아직 다 깨어나지 않았을 때는 반드시 관심을 두되 관심 둘 때도 애써서 억지로 해서는 안 된다. 억지로 하면 힘만 낭비할 뿐이다. "움직임을 건너 그침으로 돌아가면 그침이 다시 더욱 움직인다." 고 조사께서 말씀하지 않았던가?[18]

다시 보기

　일체 세상의 구조는 5온(蘊)이고, 18계(界)이다. 대상[6境]과 인식기관[6根]과 인식주관[6識] 없이는 어떤 것도 존재할 수 없다. 6경과 6근과 6식의 세 가지가 화합할 때[三事化合]에 인식이 일어난다. 이 중에서도 사물을 판단할 수 있는 능력은 능변(能辯)의 식(識)이 지니고 있으며, 이것이 없으면 인식이 불가능하다. 유

---

18) 장제형(張堤刑) 양숙(暘叔)에 대한 답서(27).

식(唯識)에서는 식에 8가지가 있음을 밝히고 있다. 안이비설신의(眼耳鼻舌身意) 전5식은 사물에 대한 감각적인 인식을 담당하고, 제6식은 전5식의 감각인식과 함께 다양한 범위의 현실적인 인식을 종합적으로 하고 있다. 제7식은 제8식을 대상으로 내면에 있는 나인 자내아(自內我)로 삼아 아집(我執)을 일으키는 근본적인 번뇌로 설명한다. 제8식은 아뢰야식이라 하고 업력 종자를 저장한다는 점에서 장식(藏識)이라고 한다.

제8 아뢰야식은 훈습(薰習)된 종자(種子)와 몸을 집지(執持)하여 안으로는 이것을 자내아(自內我)로 간주하고, 밖으로는 기세간(器世間)을 요별(了別)한다. 내가 나라고 집착하는 것은 근원적인 실체가 없다. 나라는 생각은 훈습되어 있는 생각의 덩어리를 고집하는 것이다. 또한 제8 아뢰야식은 기세간 즉, 이 세상을 인식한다. 그러나 이것은 너무나 미세해서 우리가 알기가 어렵다. 우리는 겉으로는 전5식과 제6식이 세상을 인식하는 것 같지만, 제8 아뢰야식이 미세하게 먼저 인식한다. 상분(相分)과 견분(見分)이 나누어지기도 전에 이미 일차적으로 제8 아뢰야식이 자증분(自證分)으로서의 인식 작용을 한다. 모든 인식작용이 제8 아뢰야식에서 비롯되기에 근본식이라 한다. 그래서 우리는 눈앞의 사물을 있는 그대로 보지 못하고 모두의 제8 아뢰야식의 종자에 훈습된 상황에 따라서 인식할 뿐이다. 이 또한 미세한 작용이기에 쉽게 우리들이 알지 못한다.

선사들은 말한다. "사물을 물리치는 것이 좋은 것이고 사물을 따라가는 것은 나쁜 것이다." 사물을 물리친다는 것은 내가 인식하고 있는 사물의 모습이 사물의 본래 모습이 아니고 나의 집착에 의한 허망한 모습임을 아는 것이다. 사물은 마음의 그림자일 뿐이다. 그러므로 사물을 따르는 것은 마음의 집착을 따르는 것이기에 좋은 것이 아니라고 표현한다. 사물에 대한 제8 아뢰야식의 미세한 집착의 작용을 정지하기 위하여 적극적으로 화두를 놓는 자리도 근본식인 제8 아뢰야식 위가 되어야 한다.

또한 불성을 찾는 것도 제8식 아뢰야식이다. 제8 아뢰야식의 종자가 모두 소진되고 공성(空性)으로 돌아가는 순간, 겹겹이 쌓인 객진(客塵) 번뇌가 사라지고 청청한 자성이 빛난다. 더 이상 제7식이 '나'라고 집착할 만한 제8 아뢰야식의 종자를 찾을 수가 없게 된다. 여래장(如來藏)은 제8식과 함께한다. 제8 아뢰야식의 경계 선상에 화두를 놓고 허망한 업력과 종자를 걷어 내고 본래의 여래성(如來性)을 드러내는 것이다. 깊숙하게 있는 마음속까지 들어가지 않고 단순히 제6식으로서 화두만 들고 이해해서 되는 일은 아니다. 제6식이나 제7식까지 다 덜어내고, 제8식 위에서 마지막으로 여래냐 중생이냐 하는 그 갈림길 사이에 화두를 놓고 번뇌심을 불태워 버리고 여래성(如來性)을 밝혀야 한다. 꿈과 현실의 인식 체계는 서로 다른 경계이다. 일상 현실의 인식은 넓은 범위의 인식을 하는 광연(廣緣)의식인 제6식의 작용이지만, 꿈의 의식은 제6식 중에서도 몽중(夢中)의식과 관련된 부분 인식이다. 그래서 꿈과 현실의 인식은 서로 다르다. 하지만 이들은 모두 제6식에 속하는 의식이기에 제8식의 상황에 따를 수밖에 없다. 제8 아뢰야식이 자성 청정한 여래심인가 객진 번뇌심인지가 관건이다.

빠른 효과를 기대하지 마라

들어가며

　빠른 효과를 기대한다는 것은 무엇인가 구하고 있다는 증표이다. 성현들에 의하면 본래의 마음은 예부터 지금까지 전혀 바뀌지 않고, 사라진 적이 없어서 새롭게 얻을 무엇이 있는 것이 아니라 한다. 그런데도 우리는 공부 길에서 본래 마음을 찾아 얻어 보겠다고 끊임없이 그것을 구한다. 이 구하는 마음이 진실을 가리게 하는 주범인 줄은 꿈에도 돌아보지 못한다. 그래서 성현들은 한결같이 없는 일을 있는 줄 착각하는 그 마음에서 깨어나라고 일깨우신다. 진실의 안목으로는 한마음 바탕에는 아무 일도 없다. 무엇을 구하고 말고 할 것이 있겠는가? 사실 이 안목으로는 깨달음마저도 더 없는 망상이다. 여기 빠르고 더딘 일을 말해 무엇 하겠는가? 대혜 스님의 편지 말씀을 경청(敬聽)해 보자.

서장 내용

"없다."를 일상의 삶에서 떼어 놓지 말고 한 달이나 열흘쯤 지나면 문득 스스로를 볼 수 있을 것이다.[19]

나는 매번 공부하는 이들에게 이 이야기를 해주지만 흔히 말을 들으면 재빨리 이해해 버리거나 소홀히 여기고 기꺼이 받아들이려 하지 않는다. 거사께서는 시험 삼아 이와 같이 공부해 보시라. 열흘 정도만 지나면 곧 수월한지 수월하지 못한지, 힘을 얻었는지 힘을 얻지 못했는지를 스스로 알 수 있다. 마치 사람이 물을 마셔 보면 차고 따스함을 스스로 아는 것과 같다. 남에게 말해 줄 수도 없고 드러내 보일 수도 없다.[20]

하지만 빠른 효과를 바라지 마라. 일부러 깨달음을 기다려서는 안 된다. 일부러 깨달음을 기다린다면 기다리는 마음이 도리어 도(道)를 보는 눈을 가로막아 급할수록 더욱 늦어지게 된다.[21]

또한 요즘 수행자들은 빨리 효과를 보아야 한다는 것이 잘못된 것인 줄 알지 못한다. 오히려 일없이 인연을 줄이고 고요히 앉아 자세히 탐구하여 헛되이 시간을 보내는 것보다는, 몇 권의 경전을

---

19) 부추밀(富樞密) 계신(季申)에 대한 답서(13-1).
20) 장제형(張堤刑) 양숙(暘叔)에 대한 답서(27).
21) 탕승상(湯丞相) 진지(進之)에 대한 답서(62).

읽고 몇 마디 염불을 하고 불상 앞에 몇 번 절을 하여 평생 지은 죄와 허물을 참회하여 염라대왕의 쇠방망이를 피하는 것이 더 낫다고 여긴다. 이는 어리석은 자의 짓거리다.[22]

다시 보기

선공부를 시작하기에 앞서 정리할 일들이 있다. 먼저 일상에 대한 점검이다. 일대사인연과 관계가 없는 일들을 줄이는 것이다. 생각보다 많은 일들이 주위를 떠나지 않고, 번잡하게 움직여야 하는 사람들이 많다. 중요하지 않은 일과 중요한 일이 구분되지 않기 때문이다. 일 하나가 적어도 수십 가지의 일과 연결되어 있다. 몇 가지 일만 줄여도 많은 일을 줄이고 중요한 일에 집중할 수 있다.

마음속에는 번뇌심소도 있지만 이를 대치(對治)하는 선심소도 있다. 번뇌심소에도 근본번뇌(根本煩惱), 대수혹(大隨惑), 중수혹(中隨惑), 소수혹(小隨惑) 등의 26의 심소가 있지만, 선심소(善心所) 11로 모두 대치(對治)가 가능하다. 대치란 선심소가 번뇌심소를 상대로 치유하는 것을 말한다. 불교 수행은 번뇌심소에 대한 대치작용을 하기 위하여 선심소를 증장하는 목적이다. 대표적인 수행에는 자비관, 부정관, 인연관, 계분별관, 수식관 등의 오정심관(五停心觀)이 있고, 각기 탐(貪), 진(瞋), 치(痴), 만(慢), 의(疑), 악

---

22) 증시랑(曾侍郎) 천유(天游)에 대한 답서(7-6).

견(惡見)의 번뇌심소를 대치한다. 번뇌가 있는 것은 이에 대치하는 선심소가 있기 때문이며, 선심소를 증장하는 목적이 불교 수행이며, 오정심관이다.

　마음공부에서 항상 경계해야 하는 번뇌는 도거(掉擧)와 혼침(昏沈)이다. 도거란 관심 대상이 많아서 산란하게 들떠있는 상태이고, 혼침은 대상에 대한 집중이 떨어지고 관심이 줄어드는 경우이다. 이것들을 대치하는 마음이 경안(輕安)이다. 혼침하지 않고 경쾌하며, 도거하지 않고 안정된 마음이다. 일을 줄이고 필요한 일에 집중하는 것은 마음공부에 필요한 심소인 경안의 시작이다.

　중요한 일과 중요하지 않을 일을 구분하는 기준이 필요하다. 무엇이 중요한 일인가? 당연히 나를 행복하게 해주는 일이 중요하다. 무엇이 나를 행복하게 하는가? 느껴보자! 세속적인 기쁨인 사회적인 성공이나 물질적인 것들은 잠시이지만 금방 걱정으로 변한다. 잃고 싶지 않고 더욱 많이 갖고 싶은 집착이 생기기 때문이다. 그러나 결국 이것들은 지나가는 것들일 뿐 지속될 수는 없고 언젠가는 멀어져야 하기에 더욱 집착하게 만들 뿐이다. 그러나 자연이나 사람들의 진심에서 우러나는 마음의 기쁨은 쉽게 잡을 수 없고 표현할 수 없고 전달하기 어렵지만 나의 삶을 변화시키기에 충분하다. 나의 마음이 진정한 행복으로 출발한다면 주변과 상황도 그렇게 변할 것이다. 행복의 선택은 각자의 믿음에서 시작된다. 지금까지 우리들에게는 세속적인 잘못된 믿음이 주된 삶의 동력이 되고 있다. 사회생활을 유지하기 위한 최소한의 동력 이외에는 중요한 일대사인연에 투자해야 한다.

이러한 여건들이 갖추어지기만 해도 며칠 안으로 그 효력을 마음으로 느낄 수 있다. 마음이 편안해지면서 마음공부에 집중이 되고, 주변이 달라지고 세상이 달라 보인다. 습관처럼 해오던 일들이 생소해지고, 새로운 일들이 익숙해진다. 보이지 않던 것들이 보이고, 거슬리는 것들이 보이지 않는다. 이때가 중요하다. 조그마한 효과를 느끼고 깨달음이 하루빨리 오기를 기대해서는 안 된다. 꾸준히 하다 보면 어느 날 자신이 잘 되어가고 있는지 아닌지를 스스로 알 수 있다. 서두르지도 않지만 마냥 기다릴 수도 없다. 세심하게 마음의 변화에 주의를 집중하다 보면 저절로 완급을 조절할 수 있다.

임제 스님은 말했다. "부처와 조사는 일없는 사람이다." 무사인(無事人).

특별한 것을 찾지 마라

들어가며

특별한 것과 특별하지 않음은 우리들 분별의 언어 속에만 있는 일이다. 스스로 특별하다거나 특별하지 않다고 분별의 힘을 부여할 때만 하나의 형태를 이루며 차별의 경계로 드러나는 것이다. 그러나 이 한마음자리는 어떤 구별 짓는 테두리 없이 이렇게 여여(如如)하지 않은가! 우리 일상의 모든 것이 이와 같다. 선사들은 다양한 일상의 언어로 이 '같고 같은' 보편적 우리들 마음자리를 가리켜 보여준다. 지극히 평범한 일상의 말과 행위로 가르침을 펴는 것은 우리들이 밝힐 하나의 진실이 일상생활을 떠난, 다른 특별한 일에 있지 않다는 말이 아니겠는가? 우리는 어떠한가? 대혜 스님의 편지 말씀을 경청(敬聽)해 보자.

서장 내용

옛날 수료(水潦)스님은 등나무 켜는 곳에서 마조에게 물었다.

"무엇이 조사가 서쪽에서 오신 뜻입니까?"

마조가 말했다.

"가까이 오라, 그대에게 말해 주겠다."

수료가 가까이 오자, 마조는 앞을 막고 발로 차서 넘어뜨렸다.

수료는 자기도 모르게 벌떡 일어나 손뼉을 치며 큰 소리로 웃었다.

"그대는 무슨 도리를 보았기에 바로 웃느냐?"

수료가 말했다.

"온갖 법문과 헤아릴 수 없는 묘(妙)한 뜻을 오늘 터럭 하나 위에서 근원까지 완전하게 다 알았습니다."

마조는 더 이상 그를 간섭하지 않았다.

설봉(雪峰)은 고산(鼓山)의 인연이 무르익는 것을 알고 하루는 갑자기 그의 멱살을 꽉 잡아 꼼짝 못 하게 하고는 말했다.

"무엇이냐?"

고산은 시원하게 깨닫고는 깨달은 마음조차 없어졌다. 다만 미소 지으며 손을 들어 흔들 뿐이었다. 설봉이 말했다.

"그대가 도리를 이루었느냐?"

고산은 다시 손을 흔들어 말했다.

"스님, 무슨 도리가 있습니까?"

설봉은 곧 그만두었다.

몽산(夢山)의 도명(道明) 선사가 육조 혜능을 쫓아 대유령(大庾領)에서 의발을 뺏으려 하자 혜능이 바위 위에 의발을 던지고는 말했다.

"이 옷은 믿음을 내는 것이니 힘으로 다툴 수 있겠는가? 당신 마음대로 가져가거라."

도명이 옷을 집어 들려 하였으나 옷이 움직이지 않았다. 이에 도명이 말했다.

"나는 법을 구하러 온 것이지 의발 때문에 온 게 아닙니다. 행자께서는 법을 펼쳐 보여 주십시오."

혜능이 말했다.

"좋다고 생각하지도, 나쁘다고 생각하지도 말라. 바로 이러한 때에 무엇이 스님의 본래면목인가?"

도명은 이 말에 크게 깨달았다. 온몸에 진땀을 쏟았다. 눈물을 흘리며 절을 하고 말했다.

"혹시 위로부터 내려온 은밀한 말과 은밀한 뜻밖에 또다시 무슨 뜻이 있습니까?"

혜능이 말했다.

"내가 지금 당신에게 말하는 것은 은밀한 뜻이 아니다. 네가 만약 자기의 면목(面目)을 되돌아본다면 은밀한 뜻은 도리어 그대에게 있다. 내가 말한다면 은밀하지 않은 것이다."

이 세 분의 인연이 한 번 웃음 속에서 풀려버린 일을 비교하면 그 낮고 못함이 어떤가? 스스로 판단해 보라. 다시 다른 특별한 도리가 있는가? 만약 다시 다른 도리가 있다면 오히려 풀려버리지 않는 것과 같다. 다만 부처가 될 줄만 알면 그만이지 부처가 말할 줄 모를까 봐 걱정하지 말라. 옛날부터 도를 얻은 사람은 먼저 자기를 충족한 뒤에 자기의 마음에 비추고 나머지를 헤아린다. 시시각각 사물을 응대함에 마치 밝은 거울이 받침대에 자리 잡고 있는 것 같다. 밝은 구슬이 손바닥에 있는 것 같아, 오랑캐가 오면 오랑캐가 나타나고 한인(漢人)이 오면 한인이 나타나지만 일부러 하는 일은 아니다. 만약 일부러 한다면 남에게 줄 진실한 법이 있게 될 것이다.[23]

다시 보기

선사들은 사물이나 주변 일들로 공부를 삼았다, 지사이문(指事以問), 지사문의(指事問義)이다. 특별한 일이 아니라 주변의 평범한 사물이나 일들이 마음공부의 대상이 되었다. 사소하거나 친근하기 때문에 지나치기 쉬운 일들 속에서 빛나는 가르침을 주고 있다. 구지(俱胝)선사가 하나의 손가락을 세우고, 조주(趙州) 선사의 "발우를 씻어라."와 "차나 한잔 마시고 가게.", "뜰 앞의 잣나무" 등이다. 모두가 불법이 무엇인지? 깨달음이 무엇인지? 달마가 오신 뜻이 무엇인지? 등과 같은 무거운 질문에 대한 명쾌하고 간결한 가르침이다. 중요한 것은 특별한 것에 있지 않다는 말이다. 별

---

23) 이참정(李參政) 한로(漢老)에 대한 답서(9-1).

난 것을 찾다 보면 짙은 안개 속에서 갈피를 잡을 수가 없다. 오리무중에 빠진다.

순수하게 나아가다 보면 자연스럽게 하나가 된다. 특별한 것을 찾을 필요가 없다. 만약 여기서 수료 스님이 말을 달았으면 서로 웃을 일이 없다. 행위와 말은 서로 다른 영역이다. 행위는 즉각적이고 말은 사고적이다. 행위를 행위로 받아들였을 때가 바로 이심전심(以心傳心)이다. 선사들은 서로 고함 치고 웃는다. 격의가 없을 때 그렇다. 싸우는 것 같지만 그렇지 않다. 친한 친구들끼리 서로 마음에서 마음으로 주고받듯이 도반(道伴)들은 어느 경계가 되면 허심탄회한 순수한 모습을 보인다.

본질을 꿰뚫고 본래 면목을 찾으면 된다. 은밀한 것이 별도로 있을 데가 없다. 자성이 청정해지면 저절로 본래 모습이 나타난다. 어떤 상황에서도 그 상황에 맞추어서 응대할 수 있다. 나의 본래 마음을 회복하지 못하면 대상을 올바로 볼 수가 없고, 올바로 대응할 수 없다. 그러나 내가 거울처럼 맑아진다면 그 대상의 맑은 모습이 그대로 내게 비추기 때문에 얼마든지 대상에 적합하게 응대할 수 있다.

신통력이라는 것은 이 현실에 대해 얼마만큼 정확한 관찰과 정확한 이해를 하고 있는가이다. 관습적이고 이기적인 자기 편견에 의해 세상을 판단하고 경험하는 것이 아니라, 공정한 입장에서 세상을 있는 그대로 바라보고 느끼고 받아들이는 열린 마음이 곧 신통력이다. 신통력은 원만하게 거울처럼 있는 그대로 세상을 받아들일 줄 아는 그런 능력을 말한다. 특별한 신비적인 초능력을 이야기하는 것이 아니다. 얼마나 많은 사람이 속고 살고 있는지 제대로 보고 아는 사람을 신통력이 있다고 한다.

본래 없는 번뇌를 없다고 알고, 본래 있는 청정한 자성을 있다고 아는 것이 전부이다. 무엇을 버리고 무엇을 얻는 특별한 것이 아니다. 있는 그대로 알 뿐이다.

임제 스님은 말한다.

"무엇이라도 구하면 고통이다. 일없이 쉬는 것만 못하다."

초보자와 고참이 따로 없다

들어가며

옛 성현은 본래 마음자리를 '일찍이 생겨난 적도 없고 없어진 적도 없었으니, 이름 붙일 수도 없고 모양을 그릴 수도 없다' 고 표현하였다. 본래 밝고 밝아 신령스러운 이 마음자리는 석가모니 부처님도 알지 못한다고 역설하기도 한다. 알 수 없는 본래 마음은 테두리가 없다. 테두리가 생겨나는 것은 이름과 모양에 의한 분별심의 양상이다. 선공부는 이 분별의 마음을 뿌리째 뽑아버리는 공부이다. 우리 지금 어떠한가? 공부하는데 초보자와 고참이 따로 있을 수 있겠는가? 대혜 스님의 편지 말씀을 경청(敬聽)해 보자.

서장 내용

한 번 마침은 모두를 마치는 것이며, 한 번 깨달음은 모두를 깨닫는 것이다. 한 번 밝힘은 모두를 밝히는 것이다. 마치 한 타래의 실을 끊음에 있어서 한 번 끊으면 한꺼번에 끊어지는 것과 같이 가 없는 법문을 깨닫는 데에는 단계가 없다.[24]

우리 선가에서는 초보자냐 오래 공부한 사람이냐를 따지지 않으며 또한 고참이나 선배를 귀하게 여기지도 않는다.[25]

이 일은 또한 오래도록 선지식을 찾아다니고 총림(叢林)을 두루 돌아다닌 다음에야 끝낼 수 있는 일이 아니다. 오늘날 총림에서 머리가 하얗게 세고 이빨이 누렇게 변하도록 있어도 끝내지 못한 사람이 얼마나 많으며 또 총림에 들어오자마자 한 번의 가르침에 단박에 깨달아 모든 것이 다 알맞게 된 사람은 얼마나 많던가? 공부하겠다고 마음을 내는 지점은 앞뒤가 있지만 깨달을 때에는 앞뒤가 없다.[26]

다시 보기

선종에서는 초보자인지 고참인지를 따지지 않는다. 선배를 귀하게 여기지도 않는다. 깨달음이 우선이니까 당연한 얘기다. 세속은 항상 반대이다. 고참이 모든 것에서 우선이다. 고참이 경험을 통한 지혜가 많기 때문이다. 살아가는 일의 지혜는 경험을 통하여

---

24) 유보학(劉寶學) 언수(彦修)에 대한 답서(22).
25) 부추밀(富樞密) 계신(季申)에 대한 답서(15-3).
26) 허사리(許司理) 수원(壽源)에 대한 답서(20).

쌓이는 것이다. 그래서 세상에서는 경험을 익힌 선배가 중요하고 후배는 그것을 표본으로 삼아 배우고 익힌다. 그러나 그것도 어느 정도까지이다. 일정한 단계를 지나서 경험할 만큼 경험하고 알 만큼 알게 되면 더 이상의 차이는 없다. 누가 더 탁월한 능력과 노력하는가에 따라서 나누어질 뿐이다. 결국은 선배도 후배도 없게 된다. 능력과 노력이 중요하다. 과정에서는 차이가 있고 구분이 있지만 결과적으로는 시간의 차이가 아니라 노력에 의한 질적인 차이에서 구분된다. 선후배에 묶이면 노력이 물거품이 되고 진취성을 잃고 답보적인 상태가 지속될 수밖에 없다.

선종에서의 깨달음은 전후가 확연하게 구분되는 대변혁이다. 무루(無漏)가 유루(有漏)와 함께할 수 없듯이 유루도 무루와 함께할 수 없다. 깨닫고 깨닫지 못한 것은 무명과 지혜의 차이이다. 무명이 있으면 지혜가 없고 지혜가 있으면 무명이 없다. 깨달음을 위하여 노력하는 것도 그렇다. 어떤 정해진 수단이나 방법이 없다. 자신의 내면과 관련된 것이라서 보여줄 수도 남을 인정해 줄 수도 없다. 시간이 지난다고 해결될 수 없으면 쌓아 모은다고 해결될 수도 없다. 단박에 끝낼 수 있고 평생을 노력해도 안 될 수 있다. 그래서 깨달음에는 순서가 있을 수 없다. 돈오점수(頓悟漸修)라면 선후가 있을 수 있으나 간화선은 돈오돈수(頓悟頓修)이다. 깨닫는 그 순간은 한 번의 큰일이기에 돈오이고, 그 순간만은 닦지 않는 닦음(無修之修)이라야 깨달음이 가능하듯이 돈수이다. 따라서 선후배를 용납하지도 않고 승속(僧俗)을 구분하지도 않는다.

시절인연이 있다

들어가며

혼히 '시절인연' 하면 봄에 꽃이 피고, 가을에 낙엽이 지는 것처럼 어느 때에 이르렀음을 말한다. 선공부 중에는 바로 지금 여기 눈앞에서 만나는 인연, 이 인연에서 마음이 확인되는 순간이다. 화지일하(囮地一下)! 우리들이 발심과 믿음의 인연을 따라 선공부를 하고 있는 지금 이때, 혹은 일상의 어느 한 순간, '앗' 소리 내며 단번에 모든 것으로부터 놓여 본래 마음이 확인되는 순간이 시절인연이다. 선가에는 깨달음에 대한 기연(機緣)이 수없이 전해지는데, 딱히 어떻게 그 인연이 그런 깨달음의 인연으로 드러나는 것인지 알지 못한다. 그냥 스스로 그러한 것처럼, 법이 원래 그러할 뿐인 것처럼, 그 시절인연이 도래하였다. 우리 지금 어떠한가? 대혜 스님의 편지 말씀을 경청(敬聽)해 보자.

서장 내용

성인이 가르침을 베푸는 데 공명(功名)을 바라지 않는 것은 마치 봄이 오면 나무에 꽃이 피는 것과 같다. 꽃나무의 근성(根性)을 갖추고 있는 것은 시절인연(時節因緣)이 다가오면 근성에 따라 다양한 색으로 동시에 꽃을 피운다. 이것은 봄이 둥글거나 길거나 붉거나 하는 게 아니고 모두 꽃나무에게 본래 갖추어진 성(性)이 인연을 만나서 나타나는 것이다.

백장(百丈)이 말했다.

　"불성의 뜻을 알고자 하면 마땅히 시절인연을 보아야 한다. 시절이 도달하면 그 이치가 저절로 밝아진다."

회양(懷讓) 스님이 마조(馬祖) 스님에게 말했다.

　"그대가 달마에서부터 내려오는 심지법문(心地法門)을 배우는 것은 마치 씨앗을 뿌리는 것과 같고, 내가 법의 요체를 설명하는 것은 저 하늘이 비를 내리는 것과 같다. 그대는 인연이 맞는 까닭에 도를 보게 될 것이다."

그러므로 말하길 "성인은 가르침을 베푸는 데 공명을 구하지 아니하고, 다만 배우는 자로 하여금 불성을 보아 도를 이루게 할 따름이다."고 하는 것이다. 무구(無垢) 노인이 "도가 한 알의 겨자씨에 있으면 그 한 알의 겨자씨가 소중하고, 도가 천하에 있으면 천하가 소중하다."고 말하는 것도 바로 이것을 가리킨다. 그대는 일찍이 무구노인의 집에는 들어갔지만 아직 방에는 못 들어가고 있으므로 겉만 보고 속은 보지 못한 것이다. 100년의 세월이 한 찰나에 있으므로 찰나를 깨달으면 이런 말들은 모두 진실한 뜻이 아니다.

조주의 "개에게는 불상이 없다."라는 화두는 남에게는 마치 사람이 도둑을 체포할 때 이미 숨은 것을 알면서도 함께 붙잡지 못하는 것과 같다. 부디 심혈을 기울여 한순간도 끊어짐 없이 가고·머물고·앉고·눕는 곳에서 순간순간 살펴보아라. 경서(經書)와 사서(史書)를 읽는 곳과 인의예지신을 닦는 곳과 윗사람을 모시는 곳과 학자를 가르치는 곳과 죽을 먹고 밥을 먹는 곳에서 화두와 맞붙어 버티고 있으면 문득 분별망상의 장애가 사라지게 될 것이다. 다시 무슨 말이 필요한가?[27]

다시 보기

부처와 조사가 깨달음을 얻었다면 어디에서 깨달음을 가져왔겠는가? 가져온 바가 없다면 본래로 내재된 가능성이 실현된 것이

---

27) 왕장원(汪狀元) 성석(聖錫)에 대한 답서(37-2).

다. 또한 부처와 조사가 역사적 시간이 다르고 지역적 특성이 다른 데 어떻게 깨달음 앞에서는 다름이 없다고 하는가? 다르지만 다르지 않은 것은 평등하다는 것이며, 일체 중생에게 이 일이 열려있다는 것이다. 달마는 이것을 일러 본성(本性)이라 하였다.

본성이라는 것은 본래 우리가 가지고 있는 깨달을 수 있는 가능성이다. 가능성이 있다고 해서 모두가 깨닫는 것은 아니다. 모든 꽃씨는 각각의 가능성을 갖추고 있지만 시절인연을 잘 만나야 꽃을 피우며 발현되어 드러난다. 작은 씨앗이라도 무한한 가능성을 가지고 있지만 그러나 이것도 시절인연이 맞아야 꽃을 피우고 열매를 맺는다.

깨달음의 시절인연은 우리가 말하는 좋은 인연, 나쁜 인연이 아니다. 오히려 나쁜 인연도 깨달음 앞에서는 좋은 인연이 될 수도 있고, 좋은 인연도 깨달음 앞에서는 나쁜 인연이 될 수 있다. 좋은 인연과 나쁜 인연은 본래로 정해져 있지 않다. 시절인연이라는 것은 오직 깨달음의 싹이 어떻게 잘 터질 수 있는가에 달려 있다. 좋고 나쁜 인연을 구별하는 분별심을 내려놓으면 그 자리가 바로 시절인연이 맞닿는 곳이다. 좋은 시절과 좋은 인연이 따로 있지 않다. 시절을 기다리고 인연을 기다려서는 아까운 세월만 헛되이 보낸다.

마조는 씨앗을 뿌리고 그의 스승인 회양은 하늘에서 비를 내리는 것과 같다. 그러니 "마조가 씨를 뿌리고 내가 물을 주니 어찌 자라지 않겠느냐?"는 것이다. 제자가 씨를 뿌리고 스승이 물을 주니 서로가 주고받는 때를 아는 것이다. 이 순간이 서로의 마음에서 마음으로 전해지는 바가 있다. 이심전심의 한 찰나가 있는 것이다. 문득 분별망상이 사라지는 그 순간이 바로 시절인연이다. 그래서 선사들은 말한다. "항상 깨어 있어라!" 지금이 시절인연이다.

禪

II
선공부의 이해

만약 색으로써 나를 보거나,

음성으로써 나를 구한다면,

이 사람은 삿된 도를 행하는지라,

여래를 볼 수 없느니라.

若以色見我

以音聲求我

是人行邪道

不能見如來

『금강경(金剛經)』제26장「법신비상분(法身非相分)」

잘못된 가르침을 경계하라

들어가며

석가모니 부처님 이래로 불법에 대한 가르침은 늘 한결같다. 시대적으로 지역적으로 여러 다양한 방편이 등장하였지만, 무명(無明)에서 벗어나 진실의 모습을 밝게 보라는 근본적 명제를 벗어나지 않는다. 선공부 또한 여기에 착안된 방편이다. 선의 방편은 늘 지금 여기의 활발발(活潑潑)한 살아있음에 깨어 있도록 이끈다. 지금 이 순간, 우리는 '잘못된 가르침을 경계하라' 하는 이 인연을 만났다. 여기서 우리는 어떠한가? 부지불식간에 '잘못된 가르침, 하지마라' 등등의 언어에 그만 떨어지지는 않았는지? 이것이 선공부 길에서 진짜 경계해야 할 첫 길목이지 않을까? 대혜 스님의 편지 말씀을 경청(敬聽)해 보자.

서장 내용

눈먼 자가 사람들을 잘못 가르치는 것은 모두 고기 눈알을 밝은 구슬로 잘못 알고 명칭에 머물러 이해한 것이다. 사람들에게 지니고 있으라고 가르치는 것은 곧 눈앞의 지각에 머물러 이해한 것이다. 사람들에게 고집스럽게 쉬고 또 쉬라고만 가르치는 것은 생각을 잊고 텅 빈 고요함에 머물라고 이해한 것이다. '쉬어서 느낌도 앎도 없는 곳에 이르면 흙이나 나무나 기와나 돌과 같은데, 바로 이러한 때에는 어둡고 알 수 없는 상태가 아니다'라고 하는 것은 방편으로 묶인 것을 풀어주는 말을 잘못 이해한 것이다. 사람들에게 인연 따라 주의를 기울이되 나쁜 깨달음이 나타나게 하지 말라고 가르치는 것은 육체에 얽매인 감정과 의식에 집착하여 이해한 것이다. 사람들에게 '다만 비워서 자유롭게 맡겨두고 마음을 내거나 생각을 움직이는 데 관여하지 말 것이니, 생각은 일어나고 사라지지만 본래 실체가 없는데도 만약 이것을 진실하다고 집착한다면 생사심(生死心)이 생긴다'고 가르치는 것은 자연체(自然體)에 머물러 구경법(究竟法)으로 여겨서 이해한 것이다. 이처럼 여러 가지 병이 생기는 것은 도를 배우는 사람의 탓이 아니다. 모두 눈먼 스승이 잘못 가르치기 때문이다.[28]

옛 성인이 말했다.

---

28) 증시랑(曾侍郎) 천유(天游)에 대한 답서(4-3).

"파계(破戒)한 업(業)이 수미산만큼 클지라도 삿된 스승의 삿된 생각에는 한 조각도 물들면 안 된다. 겨자씨만큼이라도 물든 삿된 생각이 의식 속에 자리 잡게 되면 마치 밀가루에 기름이 배어 들어가는 것처럼 영원히 빼낼 수 없다."29)

이 도는 고요하고 쓸쓸하면서도 오늘을 벗어나지 않는다. 삿된 스승이 법(法)을 말하는 것은 마치 나무 덩굴이 어지러이 엉켜 있는 악차취(惡叉聚)처럼 무성하여 스스로 위없는 도를 얻었다고 말하지만, 모두가 삿된 말을 외치며 어리석은 범부들을 속이는 짓거리다.30)

남양혜충국사(南陽慧忠國師)가 말했다.

"법을 얻는 것이 '있다'고 말하면 이것은 들여우의 울음소리다."

이 일은 맑은 하늘에 태양이 빛나는 것과 같아서 한 번 보아 곧장 보는 것이다. 그리하여 진실로 스스로 보았다면 삿된 스승이 왜곡할 수 없다.31)

요즘 선에는 많은 종류가 있다. 어떤 사람은 눈으로 보고 귀로

---

29) 이참정(李參政) 한로(漢老)의 별지에 대한 답서(16).
30) 진교수(陣敎授) 부경(阜卿)에 대한 답서(47).
31) 탕승상(湯丞相) 진지(進之)에 대한 답서(62).

듣는 것을 삼계유심(三界唯心)과 만법유식(萬法唯識)에 적당히 끼워 맞추는 것을 선으로 여긴다. 어떤 사람은 말없이 검은 산 아래의 귀신 굴속에서 눈을 꼭 감고 앉아서는 그것을 위음왕(威音王) 나반(那畔)의 부모가 낳기 이전 소식이라고 하고, 또 말없이 늘 비춘다고 하면서 선으로 여긴다. 묘한 깨달음을 구하지 않고 깨달음을 두 번째로 여긴다. 깨달음을 사람을 속이거나 놀리는 것으로 여기거나 만들어 세우는 것으로 여긴다. 이들은 스스로 깨달은 적이 없으니 깨달음이 있다는 것을 믿지 않는다. 이들은 마치 동쪽으로 열심히 달려가면서 서쪽에 있는 물건을 가지려는 것과 같다. 구할수록 더욱 멀어지고 급할수록 더욱 느려진다. 이러한 무리는 불쌍하다고 할 만한 자들이다. 경전에서는 이들을 일러 대반야(大般若)를 비방하고 부처님 지혜의 명줄을 끊는 사람이라고 한다. 이런 무리는 천 분의 부처님이 세상에 나와도 참회하지 못한다. 비록 좋은 원인을 만들더라도 도리어 나쁜 결과를 불러들인다. 이 몸을 부어 티끌로 만들지언정 결코 불법을 가지고 인정과 타협하지 말아야 한다. 꼭 삶과 죽음과 맞서 싸우려 한다면 반드시 이 어둠〔無明〕을 부숴버려야 한다.[32]

---

32) 장사인(張舍人) 장원(壯元)에 대한 답서(61).

다시 보기

    선공부에서는 스승의 가르침을 중요하게 여긴다. 그래서 제자들은 스승을 찾는 수고를 마다하지 않는다. 여러 스승을 찾아 부족한 부분들을 차례로 해결하기도 하고, 스승은 제자의 근기에 따라 다양한 방편으로 길을 인도한다. 특히 조사선에서의 스승의 가르침은 더욱 중요하다. 제자들에 의하여 다양하게 이해되었으며, 문중에 따라 여러 가지 방법이 등장하여 시대적 지역적인 선불교의 역할을 담당하기도 하였다. 5가 7종(五家七宗)의 선종 분파의 원인이 되기도 하였다.

    대혜선사 당시의 선불교의 사회상을 보는 듯하다. 달마대사 이후 육조 혜능을 거치면서 남선(南禪)과 북선(北禪)의 대립적인 경쟁을 통하여, 당나라 시대에는 임제종(臨濟宗), 위앙종(潙仰宗), 조동종(曹洞宗), 운문종(雲門宗), 법안종(法眼宗) 등의 5가 7종(五家七宗)의 분파가 있게 된다. 그러나 북송과 남송대에는 임제종과 조동종만이 남게 된다. 선종의 부침의 역사도 시절인연이다.

    대혜선사는 당시의 선불교 문제를 비판한다. 대부분 묵조선에 대한 비판이다. 묵조선(默照禪)은 묵묵하게 근원을 비추어 본다는 것으로 세속과 경험을 초월하여 공겁 이전의 본래 모습인 삼라만상의 본지풍광(本地風光)을 있는 그대로 실증하고자 한다. 인간의 인식적 사유나 경험에 의하여 얻을 수 없고, 인위적인 개입도 불가능하다. 그래서 얻을 바가 없고〔無所得〕, 깨달을 바도 없고〔無所悟〕, 언설도 필요 없다.〔無言說〕 모습 없는 모습〔無相之相〕, 무심의 마음〔無心之心〕, 무용의 용〔無用之用〕을 얻고자 한다. 세속을 초월한 은둔적인 가르침은 개인의 주체적인 수행의 의지보다는 자연의 이법(理法)과 일체가 되는 의도되지 않는 신비적인 체험을 중시하는 경향으로 기울어지게 되었다.

대혜선사는 이러한 무사선(無事禪), 문자선(文字禪), 좌선(坐禪) 위주의 묵조선의 병폐를 간화선을 통한 선공부의 실참 실구를 통해서 깨달음을 구현하려는 수행으로 전환하고자 노력하였다. 또한 당시 유교 학자들의 훈고학적 태도는 사량계교(思量計較)나 견문각지(見聞覺知)일 뿐 선불교의 깨침에는 도움이 안 된다고 비판하였다.

대혜선사는 이러한 시대적인 문제를 간파하고 폐단을 없애기 위해서 간화선을 주창하게 된다. 간화선은 조사들의 화두를 직접 스스로에게 비추어 마음속의 분별심을 없애고, 마음의 지혜를 밝히는 것으로 대상과 장소에 구애받지 않는다는 점에서 조사선과 다르다. 스승이 아닌 자신이 수행의 주체가 되고 주인공이 된다. 또한 묵조선에 대하여 지혜가 없는 고요함은 일시적인 안정을 줄 뿐 오히려 깨달음과 멀어지는 장애가 된다. 간화선의 목표는 깨달음이다. 깨달음이 배제된 선공부는 있을 수 없다. 깨달음이 없으면 지혜도 없고 지혜가 없으면 중생과 시대를 통찰하는 역할도 없다.

시대적 혼란과 기존 선불교의 한계에 봉착한 대혜선사의 빛나는 새로운 선공부의 제창이 간화선이다. 그러나 화두를 간(看)하여 살펴볼 뿐이다. 의심으로 뭉치거나 풀어보려고 집착하는 노력을 하는 것이 아니다. 화두 또한 방편의 수단일 뿐 그 자체가 깨달

음이나 지혜가 아니다. 깨달음은 문자와 언어와 형식으로 설명할
수 없으며〔言語道斷〕, 보여줄 수 있는 것이 아니고 있는 그대로의
마음을 가리키며〔直旨人心〕, 마음에서 마음으로 전할 뿐〔以心傳
心〕이다. 도를 도라고 하지 않으며, 수행을 수행이라고 하지 않는
다.

증상만인이 되지 마라

들어가며

성현들의 밝음 속에서 우리 모두는 다 하나이다. 이 하나뿐인 진실에 밝지 못한 우리들은 자꾸만 이름과 형태에 속는 잘못을 범한다. 이렇게 '증상만인이 되지 마라' 하면 증상만인은 어떤 사람인가, 어떻게 하면 증상만인이 되지 않는 것인가 하고 순식간에 분별망상을 짓는다. 지금 이 순간, 자신의 분별망상에 밝아져 보자. 증상만의 사람은 어디 있는 것인가? 대혜 스님의 편지 말씀을 경청(敬聽)해 보자.

서장 본문

말할 수 있는 듯하고 형용할 수 있는 듯이 하면서 도리어 보지 못하고 깨닫지 못한 사람을 증상만인(增上慢人)이라고 한다. 이런 사람은 반야를 비방하는 사람이고 망령되게 말하는 사람이며 부처의 지혜를 끊는 사람이다. 이런 사람은 일천 분의 부처님이 세상에 나온다 한들 참회할 수 없다.[33]

유마거사가 말했다.

"부처님은 증상만인(增上慢人)을 위하여 음욕과 분노와 어리석음을 벗어나는 것이 해탈이라고 말씀하셨다. 만약 증상만인이 없다면 음욕과 분노와 어리석음의 본성(本性)이 바로 해탈이라고 말씀하셨다."

이런 잘못을 벗어나 순조롭거나 부딪히는 경계 속에서 일어나고 사라지는 상이 없으면 비로소 증상만인이라는 이름을 벗어날 수 있다. 이와 같아서 드디어 다시 살아나 세간에 들어갈 수 있으므로 이게 바로 역량 있는 사람이다.[34]

다시 보기

증상만인은 깨달음을 얻지 못했음에도 얻었다고 생각하여 잘난 체하고, 분별하고 이해하여 자기 생각대로 불법을 말하는 사람을

---

33) 왕장원(汪狀元) 성석(聖錫)에 대한 답서(36-1).
34) 루추밀(樓樞密) 중훈(仲暉)에 대한 답서(54-1).

말한다. 아상(我相)에 머무르고 있기에 더 이상의 진척을 볼 수 없는 사람이다. 모든 것을 자신이 이해한 대로 있다고 고집하는 사람이다. 무엇이든지 있지 않으면 자신의 견해를 맞출 기회가 없기 때문이다. 본래의 바탕은 바탕이 없음이다. 바탕이 없어야 만물을 세울 수 있고 의지할 수 있다. 공의 바탕(空性)과 공의 효용(空用)이 둘이 아니라 하나이듯이 공성에서 무한한 공용으로의 움직임이 조화롭게 펼쳐진다.

탐(貪)·진(瞋)·치(癡)는 본래로 있는 것이 아니기에 없애야 할 대상이 아니다. 다만 인연 따라 일어나는 무명(無明)의 싹이다. 본성의 있는 그대로의 모습은 바로 해탈이다. 왜냐하면 탐·진·치는 본성 위에 덧칠 해 놓은 것이기 때문이다. 있다고 할 만한 것이 없다. 따라서 본성은 해탈이고 열반이다. 세간의 탐·진·치를 볼 줄 알면 그것이 바로 해탈이다. 탐에 대한 결과, 진에 대한 결과, 치에 대한 결과가 눈앞에 펼쳐져 있는 것을 여실하게 보면 바로 해탈이다.

증상만인은 스스로 얻은 것에 집착하여 나머지를 탐진치로 보고 먼지 털기에 바쁘다. 버린다는 생각으로 버려서는 버릴 수 없다. 버린다는 마음이 먼지에 붙어있기 때문에 버리고 버려도 마음의 먼지는 버려지지 않는다. 어떤 경우에서도 집착하지 않고 번뇌가 나타나고 사라짐이 없는 경우가 증상만이 없는 경우이다. 상이 나타나고 사라짐이 없는 것은, 대상이 공하고 대상을 인식하는 자신도 공함을 알기 때문에 바로 해탈이다.

황벽 스님이 말했다. "단지 다른 견해를 내지 않기만 하면 산은 산이고, 물은 물이고, 승(僧)은 승이고 속(俗)은 속이다." 비록 스스로 깨달음을 얻었다 할지라도 그런 견해를 내기만 하면 바로 증상만인이다.

해탈에서는 장애가 없다. 모든 것을 벗었기 때문이다. 장애가 없기에 영원히 탐진치에도 머물지 않으며, 해탈조차도 머물지 않는다. 애써 버려야 할 것도 없고 더 이상 얻을 것도 없다. 세간을 벗어나지도 않지만 세간에 있어도 세간에 머물지 않는다. 대자유인이다.

단견과 상견에 떨어지지 마라

들어가며

　단견과 상견, 우리들 분별망상은 이렇게 늘 한 짝으로 움직인다. 지금 이 순간, 단견과 상견은 인연 따라 이 모니터라는 한 바탕 위, 아니 이 한마음 바탕에 드러난다. 우리는 이렇게 상대적으로 드러난 것에는 금방 사로잡히게 되는데, 한마음 바탕의 일은 아예 모른다. 선공부는 이 일을 끊임없이 일깨우고 있다. 그래서 현실의 자기 삶 속에서 상대적 개념에 속는 일 없이 자유로워지도록 이끌어 준다. 물론 무거운 짐을 지고 외나무다리를 건너는 일에 비유되듯 쉽지 않다. 이쪽으로 저쪽으로 자꾸 기운다. 기울면 낭떠러지이다. 바로 이 순간, 우리는 어디에 사로잡혀 기울고 있는가? 대혜 스님의 편지 말씀을 경청(敬聽)해 보자.

서장 내용

요즘 도를 배우는 사람은 흔히 자기 마음을 믿지 않고, 자기 마음을 깨닫지 않고, 자기 마음의 밝고 묘함을 누리지 않고, 자기 마음에서 안락함을 얻지 않는다. 마음 밖에 선(禪)의 길이 있다고 여겨 헛되이 귀하고 특이한 일을 세우고 취하고 버린다. 그래서 수행을 하더라도 외도와 이승(二乘)의 선적단견(禪寂斷見) 경계에 떨어져 버린다. 수행에 있어서 단견(斷見)과 상견(常見)에 떨어지는 것이 두려운 일이다. 단견은 자기 마음의 본성을 끊어버리고 마음 밖에서 공(空)에 집착해 선적(禪寂)에 머무는 것이다. 상견은 일체 법의 공함을 깨닫지 못하고 온갖 유위법(有爲法)에 집착하는 것이다.[35]

모든 법에는 자성(自性)이 없는 까닭에 단멸(斷滅)과 항상(恒常)이라는 양쪽을 멀리 벗어난다. 양쪽을 멀리 벗어나는 게 법계의 참모습이다. 색(色)은 연기(緣起)하여 나타나는 모습이고, 모습은 연기하여 나타나는 세계다. 성(性)을 말하지 않고 상(相)을 말한 것은 법계(法界)를 일러 성이 연기한 것이라고 하기 때문이다. 상이 곧 법계연기이기 때문에 성을 말하지 않고 상을 말한 것이다. 양(梁)의 소명태자(昭明太子)가 무단무멸(無斷無滅)이라고 말한

35) 진소경(陣少卿) 계임(季任)에 대한 답서(17-1).
36) 손지현(孫知縣)에 대한 답서(60).

것이 바로 이것이다.[36]

　지도(志道) 선사가 육조에게 물었다.

　　"저는 출가한 이래 열반경을 본 지가 10년이나 되었지만 아직 대의
(大義)를 밝히지 못했습니다. 육조께서 말씀해 주십시오."
　　"어느 것을 밝히지 못했느냐."
　　" '모든 행위가 무상함이 곧 생멸법이라, 생멸이 사라지면 적멸(寂
滅)이 곧 즐거움이다' 라는 구절에 의문이 있습니다."
　　"무엇이 의문이냐?"
　　"모든 중생에게는 전부 두 몸이 있으니 색신(色身)과 법신(法身)이
라는 것입니다. 색신은 무상하여 생멸이 있지만 법신은 항상(恒常)하
여 앎도 없고 느낌도 없는데, 경에서 말한 생멸이 사라지면 적멸이 곧
즐거움이라는 것을 알 수 없습니다. 어떤 몸이 적멸하는 몸이며 어떤
몸이 즐거움을 받는 몸입니까? 만약 색신이라면 색신이 멸할 때 사대
가 흩어져서 고통이니 즐거움이니 하는 말을 할 수가 없고, 법신이 적
멸하다면 곧 풀, 나무, 기와, 돌과 같으므로 누가 즐거움을 받겠습니
까? 또 법성(法性)은 생멸의 본체요, 오온(五蘊)은 생멸의 작용이므로
하나의 본체에 다섯 작용이어서 생멸이 늘 있되, 생(生)은 본체로부터
작용하여 일어나는 것이고, 멸(滅)은 작용을 거두어 본체로 돌아가는
것입니다. 만약 거듭 생함을 인정한다면 중생의 무리는 끊어지지도 않
고 사라지지도 않는 것입니다. 거듭 생함을 인정하지 않는다면 영원히
적멸로 돌아가 무정물과 같아질 것입니다. 이와 같은 모든 법이 열반

에 구속되어서 생(生)할 수 없으니, 무슨 즐거움이 있겠습니까?"

조사께서는 이에 임제나 덕산이 쓴 할(喝)과 방(棒)을 쓰지 않고 좀 부드러운 말투로 그에게 답하였다.

"너는 불제자이면서 어찌 외도의 단상사견(斷常邪見)을 익혀 최상 승법을 논하느냐? 너의 견해에 따르면 색신 밖에 따로 법신이 있으며 생멸을 떠나 적멸을 찾는 것이다. 또 열반이 늘 즐겁다는 말을 근거로 그 즐거움을 받는 몸이 있다고 말하면, 이것은 곧 삶과 죽음에 집착하여 삶과 죽음을 아까워하면서 세간의 즐거움을 탐하는 것이다.

너는 이제 알아야 한다. 어리석은 사람은 오온이 화합(和合)하는 것을 보고 자신의 모습이라 여기고, 모든 법을 분별하여 바깥 삼라만상의 모습으로 여겨서 삶을 좋아하고 죽음을 싫어하여 순간순간 흘러간다. 꿈같고 환상 같은 허망한 가짜를 알지 못하고 헛되이 윤회를 받는다. 늘 즐거운 열반을 외려 괴로운 모습으로 여겨 종일토록 치달려서 구하기만 할 뿐이다. 이에 부처님께서 이를 불쌍히 여겨 열반의 참된 즐거움을 보여주신 것이다. 찰나에도 생겨나는 모습이 없고 찰나에도 사라지는 모습이 없어서 다시 없앨 만한 생멸이 없다. 이것이 적멸이 눈앞에 드러나는 것이다. 적멸이 눈앞에 드러날 때도 눈앞에 드러난다는 헤아림이 없으니 늘 즐겁다고 하는 것이다. 이 즐거움을 받는 사람도 없고 받지 않는 사람도 없다. 어찌 하나의 본체니 다섯의 작용이니 하는 이름이 있을 수 있으며, 어찌 열반이 모든 법을 구속하여 영원히 생겨나지 못하게 한다고 말할 수 있겠느냐? 이것은 부처님을 비방하고 법에 상처를 내는 짓이다. 나의 게송을 들으라.

위없는 대열반은 두루 밝고 늘 고요히 비추거늘, 범부는 어리석어 죽음이라 말한다. 외도는 끊어졌다고 집착하고, 이승(二乘)을 찾는 사람들은 조작이 없다고 여긴다. 이들은 모두 다 생각으로 헤아린 바에 속한다. 잘못된 62견(見)이 본래 그렇다. 망령되이 허망한 거짓 이름을 세워놓고 어찌하여 진실한 뜻이라 여기는가? 오직 헤아림을 넘어선 사람이어야 취하고 버림이 없음을 통달하여 오온법과 오온 속에 있는 나와 밖으로 드러나는 여러 가지 색의 모습과 하나하나의 음성이 한결같이 꿈이나 환상과 같음을 안다. 이런 사람은 범부나 성인이라는 견해를 일으키지도 않고 열반이라는 견해도 만들지 않는다. 항상하다느니 무상(無常)하다느니 하거나, 과거·현재·미래라는 시간이 끊어져서 늘 온갖 경계에 응하여 행위하면서도 행위한다는 생각을 일으키지 않는다. 모든 법을 분별하면서도 분별한다는 생각을 일으키지 않는다면, 겁화(劫火)가 바다 밑바닥까지 태우고 바람이 산을 때리더라도 참되고 변함없는 것은 적멸의 즐거움이므로 열반의 모습도 이와 같다. 내 이제 억지로 말하여 네게 삿된 견해를 버리도록 만드노니 네가 말에 집착해서 이해하지 않으면 조금은 알아차릴 수 있을 것이다."

지도는 게송을 듣고 문득 크게 깨달았다.[37]

---

37) 여랑중(呂郎中) 융례(隆禮)에 대한 답서(33).

다시 보기

색신(色身)의 몸이 있다고 집착하면 상견(常見)이고, 색신의 몸이 없다고 집착하면 단견(斷見)이다. 상견과 단견은 모두 집착이다. 색신은 몸의 본성을 설명한 것이 아니다. 몸이 있다면 없어질 수 없는 것이고, 몸이 없다면 어떤 것도 이룰 수 없다. 몸이 있다가 없다가를 찰나로 반복한다면 몸의 자성이 일정하지 못하며, 몸이 본래 없지만 있는 듯이 보인다든가, 몸이 본래 있지만 없는 듯이 보인다는 것은 본질과 현상을 다르게 설명하는 경우이다.

현상의 원리를 세속제(世俗諦)라 하고 본질의 원리를 승의제(勝義諦)라고 한다. 세속은 허망한 무상과 무아의 진리를 표현하고 있기에 세속제라 하고, 본질은 변함없는 진리이기에 승의제라고 한다. 그래서 색신의 몸은 세속이기에 허망하고 법신의 몸은 승의이기에 항상하다는 것은 색신의 몸과 법신의 몸을 이분법으로 나누어 본 분별의 결과이다. 세속을 떠나 승의가 있음이나 상견을 떠나 단견이 있는 것은 아니다. 세속과 승의, 색신과 법신, 본질과 현상은 서로 다른 차이점에 착안하여 붙여진 이름일 뿐 본바탕은 하나이다.

달마는 오성론(悟性論)에서 말한다. "삼신(三身)과 만법(萬法)은 모두 취할 수도 없고, 말할 수도 없다." 색신과 보신과 법신은 사람의 지혜에 따라서 상중하가 있기 때문에 나누어질 뿐이다.

세속에 상대하는 말이 승의이고, 승의에 상대하는 말이 세속일 뿐이다. 세속 속에서 승의는 발견되고, 승의는 세속을 통하여 나타나며, 색신으로 법신이 표출되고 색신의 본래 모습은 법신이다.

세속제와 승의제가 원명(圓明)하여 나누어질 수 없는 것이지만 단상(斷常)으로 나누는 분별에 의하여 나누어질 뿐이다. 색신의 허망함을 말하고 법신의 즐거움을 말할 수 없다. 색신인 몸을 허망하다고 말하면 단견이고, 법신은 항상하고 세세생생(世世生生) 있다고 보면 유견(有見)의 상견(常見)에 빠지게 된다. 열반이라는 그 자체는 생사와 단견과 상견의 양극단을 떠난 것이므로 죽음도 떠나고, 삶도 떠난다. 생사에 의미를 두지 않는다. 더 정확히 말하면 생사를 벗어나버린 것이다. 생사에 묶이지 않는 것이야말로 진정한 해탈이며, 법신의 즐거움이다.

묵조선은 사선死禪이다

들어가며

　우리들이 경험하는 모든 것은 다 이름과 형상으로 표현되어진다. 그만큼 이 이름과 형상에 의존하여 살아지게 되는 것이 우리 현실이다. 선공부는 이 현실을 매순간 자각하게 한다. 그럼에도 선공부 전통 안에서조차 이러한 잘못이 종종 지적되곤 한다. 선공부의 본의는 까마득히 잊어버리고, 그 이름이나 형상에 매여 공부를 하는 것이다. 지금 여기서 사선(死禪)이란 말을 대하는 순간 우리 어떠한가? '그렇구나, 묵조선은 사선이구나!' 하는 이해가 생겨나지는 않았는가? 선공부에 있어 정말 경계하고 경계할 일은 공부라는 이름으로 전해지는 가르침의 언어에 갇히는 일 아니겠는가! 그 의미에 그 모양에 빠지는 순간, 우리는 진짜 사선을 하고 있는 일이 아닐는지? 대혜 스님의 편지 말씀을 경청(敬聽)해 보자.

서장 내용

외도들이 죽은 개처럼 쉬고 또 쉬라고 한다. 이는 외려 마음을 어리석고 어둡게 한다. 쉬게 되면 분별심이 생겨나지 않으니 이러한 때에 이르면 어둡고 알 수 없는 상태가 아니라 또렷하고 분명한 상태라고 한다. 이 역시 잘못된 가르침으로 사람의 눈을 멀게 한다. 흙이나 나무, 기와나 돌처럼 어두운 상태가 되는 것은 깨달음이 아니다.[38]

밖으로 모든 반연(攀緣)을 쉬고 안으로 마음에 헐떡임이 없어야 도에 들어갈 수 있다고 하는 말은 방편문(方便文)이다. 방편에 의탁하여 도에 들어가면 옳지만, 방편에 머물러 방편을 내다버리지 않으면 곧 병이 된다.[39]

오로지 공에만 빠진다든지 고요함만 추구하는 짓거리는 절대로 하지 마라. 옛사람은 이것을 일컬어 검은 산 아래의 귀신 집 살림살이라고 했다. 고요함이 뛰어난 공부라고 여겨 고요함에 빠지는 정승삼매(靜勝三昧)에 탐닉해서는 안 된다. 문득 누구에게 고요한 곳에서 공부하라는 가르침을 받고 잠깐이나마 가슴속에 일이 없어지면 이것을 마지막 안락한 곳이라고 여기지만, 이는 돌로 풀을

---

38) 증시랑(曾侍郎) 천유(天游)에 대한 답서(4-3).
39) 증시랑(曾侍郎) 천유(天游)에 대한 답서(6-5).

눌러놓은 것과 같다는 것을 전혀 알지 못한다. 뚝 끊어지지 못하면 아직도 그 뿌리는 여전히 남아서 돌을 치우면 다시 풀이 올라올 수밖에 없다.[40]

잠시 고요히 앉으니 공부가 저절로 좋아진다고 하지만 고요함에 집착하는 것은 어떤 사람이 자기의 귀를 막고 큰 소리를 지르면서 다른 사람이 듣지 않기를 바라는 것과 같다. 『열반경』 법회에서 광액(廣額)이라는 백정은 소 잡는 칼을 놓자마자 바로 깨달았다. 그는 고요한 가운데 공부를 해서 그런 것이 아니다. 만약 참된 고요함을 바란다면 반드시 분별심이 끊어져야 된다. 분별심만 부서지면 저절로 고요해진다.[41]

삿된 스승들이 묵조선(默照禪)을 말하면서 쉬고 또 쉬며 말을 하지 않고 고요한 것을 지극한 법칙으로 삼는다. 삿된 무리들이 앉아서 쉬고 또 쉬고 마음을 비우라고 한다. 그렇게 하면 결국 외도와 이승의 선적단견(禪寂斷見) 경계에 떨어진다.[42]

오늘날 한 부류의 제멋대로 지껄이는 자들은 자기가 서 있는 것조차 진실하지 않으면서, 사람들에게 마음을 거두어 고요히 앉아 숨결을 끊으라고 가르친다. 이런 무리는 참으로 불쌍하다. 실체가

40) 부추밀(富樞密) 계신(季申)에 대한 답서(14-2).
41) 부추밀(富樞密) 계신(季申)에 대한 답서(15-3).
42) 진소경(陣少卿) 계임(季任)에 대한 답서(17-1).

없는 이 마음을 어떻게 억지로 거둬들여 머물겠으며, 거두어들이
려고 하여도 어디에 놓아둔단 말인가. 이미 놓아둘 곳이 없다면 시
간도, 계절도, 옛날도, 지금도, 범부도, 성인도 없고 삶도 죽음도
없다.[43]

만약 아직 안락하고 한가롭지 못하다면 이것은 고요함을 위주
로 하는 공부가 힘을 얻지 못했기 때문이다. (……) 평소에 고요함
을 위주로 공부하는 것은 오직 시끄러움에 맞서기 위한 것이다.[44]

나는 늘 참선하는 납자들에게 이렇게 말한다.
"세간에는 물건을 만드는 일에도 깨달은 바가 없다면 그 묘함
을 얻을 수가 없는데, 하물며 생사를 벗어나고자 하면서도 입으로
만 고요함을 말하고는 곧 걷어치우려고 하는가?"[45]

다시 보기

수행을 하면 고요해야 된다고 하는데 고요함에 빠져 수행을 계
속 이어가다 보면 오히려 시끄러울 때에 안정을 잃어버린다. 고요
함에만 머무는 것은 올바른 수행이 아니다. 오히려 시끄러울 때 시

---

43) 허사리(許司理) 수원(壽源)에 대한 답서(21-1).
44) 유통판(劉通判) 언충(彦沖)에 대한 답서(24-2).
45) 장사인(張舍人) 장원(壯元)에 대한 답서(61).

끄러움을 극복할 수 있는 그 방법을 찾아야 한다. 이것이 화두선이다. 고요함에 마음이 맑아지는 것은 풀을 돌로 덮어놓은 것과 같다. 돌을 치우면 풀이 다시 올라온다. 잠시 눌러놓은 것은 올바른 수행법이 아니다.

시끄럽다는 것은 주변이 시끄러운 게 아니고 마음이 혼란스러울 때이다. 마음이 혼란스러울 때 그 위에 화두를 올려놓고 집중을 하면 그 시끄러운 원인이 스스로 사라진다. 마음을 화두에 집중하니 나머지는 사라진다. 고요함과 시끄러움이라는 양극단에 대한 분별심을 무너뜨려야 된다. 고요함에 머무는 그 자체가 도가 아니다.

중국의 선은 초조 달마에서부터 시작한다. 달마선이라 하고, 『능가경』의 가르침을 중시하였기에 능가선이라 한다. 6조 혜능 이후에 남종이 성행하면서 남종과 북종으로 나누어지고, 돈법(頓法)과 점법(漸法), 여래선과 조사선 등의 용어가 사용되었다. 특히 송대에 묵조선과 간화선이 성행하면서 수행법에 대한 견해 차이가 나타나게 되었다.

대혜 스님은 묵조선에 대해서 비판적 태도를 보였다. 깨달음이 없는 좌선(坐禪), 무사선(無事禪), 고목선(枯木禪) 등으로 비판하였다. 이에 대하여 묵조선의 굉지정각은 간화선을 깨달음을 기다리는 선〔대오선(待悟禪)〕, 사다리처럼 하나씩 공안을 통과하는 사다리선〔제자선(梯子禪)〕, 하나씩 배우는 학습선(學習禪) 등으로 비판하였다.

간화선과 비슷한 시기에 정립된 묵조선은 송나라 굉지정각 선사가 체계화시켜 후대에 조동종(曹洞宗)의 수행체계로 확립했다. 묵조선은 자기 안에 있는 본래 청정한 자성인 자성청정(自性淸淨)을 신뢰한다. 일체는 본래로 깨달은 상태이므로 모든 것이 현성공안(現成公安)이기에 별도의 화두는 필요가 없다. 다만 좌선 수행으로 묵묵히 앉아서 본래 청정한 마음을 반조(返照)하는 지관타좌(只管打坐)를 주장한다. 이미 깨달아 있기에 다른 깨달음이 있을 수 없고, 진리는 저절로 비추고 있기에 번뇌를 쉬고 묵묵히 살펴보면 스스로 자각할 수 있다는 것이다. 마음이 고요하여야 지혜가 있다는 말이다.〔先定後慧〕

간화선은 화두를 통하여 적극적으로 깨달음으로 나아가려는 노력을 경주한다. 화두일념으로 산란심과 혼침을 다스리고 언제 어디서나 지속적인 화두 집중으로 깨달음의 지혜를 구한다. 고요함보다는 깨달음의 지혜가 우선이라는 의미이다.〔先慧後定〕

간화선은 이전까지의 선의 주류를 이루었던 묵조선의 경향을 부정할 수밖에 없었다. 달마의 벽관(壁觀)과 안심법문(安心法門), 동산법문(東山法門)의 일행삼매(一行三昧), 혜능의 응무소주(應無所住) 이생기심(而生其心) 등은 벽관응주(壁觀凝注)하고, 이 마음을 찾아 없음을 알고, 마음을 하나의 경계에 머물게 하고, 머무는 바가 없이 마음을 내는 등의 적극적인 수행의 노력을 경주하는 선사들의 가르침으로 보인다. 그러나 묵조선에는 깨달음을 향한 강한 의지나 투철한 수행 방법이 보이지 않고, 일상을 떠나 고요함에 머무는 것으로 보였기 때문이다. 깨달음조차도 두 번째의 일로 생각하였다.

이 점에서 대혜선사는 깨달음을 위한 방편의 도구를 생각하게 되었으며, 달마 이후로 전해지는 선사들의 강렬한 선문답의 요체인 공안(公案)을 수행의 도구로 활용하게 되었을 것이다. 그러나 화두 또한 수행이 없는 수행(無修之修)의 의도적인 수행 방법을 부정하는 기존의 전통 선에서는 문제가 된다. 지속적인 화두참구를 위해서는 의도적인 노력이 있어야 한다. 화두는 과연 의도적인 수행이 아닌가?

간화선에서 묵조선을 비판하는 것은 시대적인 새로운 각성의 의미가 있다. 간화선은 화두를 활용하는 새로운 수행방법이다. 이전에 활용되지 않았던 화두를 제창하는 것에는 그만한 이유가 있다. 기존의 전통 선에 대한 반성이 필요하기 때문이다.

임제종(臨濟宗)의 갈래이면서 송나라 때 황룡사에서 혜남(慧南)이 크게 일으켰던 황룡파(黃龍派)에서는 묵조선은 너무 고요함만 추구하는 선에 치우쳤다고 비판한다. 이 세상은 고요함만 가지고 살 수 없다. 고요함만 추구하는 것은 참다운 선이 아니다. 이런 비판적 사고가 간화선이라는 새로운 화두선이 대중적인 형태로 발전한 게 아닐까 한다.

규봉 종밀은 외도선, 범부선, 소승선, 대승선, 여래청정선 등의 5종으로 분류하여 달마의 선법을 여래선이라 하였다. 이후에 앙산 혜적이 육조 혜능 문하의 남종선 계통을 조사선이라는 용어로 사용하였다. 선의 종류에는 여래선, 조사선, 달마선, 묵조선, 간화선이라고 하나, 여래선은 인도 전통 선맥을 이은 달마가 동쪽으로 오면서『능가경』에 입각한 선지를 펼쳤다는 점에서 여래의 가르침이 중심이 된다. 조사선은 혜능 이후 후대에 남종선에서 불립문자를 기치로 경전 대신에 조사들의 이심전심의 가르침에 집중한다는 점에서 인도 선맥(禪脈)과는 다른 중국 선의 특징이라는 것에서 붙인 이름이다. 여래선과 조사선을 구분을 하지 않는 경우가 많고, 구분을 해야 한다는 경우도 있고, 여래선보다 조사선을 우위에 두는 경우도 있다.

묵조선의 묵조(墨照)라는 이름 자체는 묵묵히 비추어 본다는 뜻이다. 그렇다고 묵조가 수행 방법이 없는 것은 아니다. 묵조는 고요함(定)을 강조하는 측면이 있다. 고요함은 멈춤(止)이다. 멈춰야 지혜가 생겨난다. 수행하는 사람 입장에서는 불교의 기본은 지관겸수(止觀兼修)이고 정혜쌍수(定慧雙修)이다. 지(止)와 정(定)이 없이 간화로 간다고 하지만 한편으로 보면 묵조의 과정도 이 속에 포함된 것이 아닐까?

묵조를 배격할 이유도 없고 간화나 묵조 어느 쪽을 편들 이유도 없지만 대혜 스님 당시에는 그랬던 것 같다. 전통적인 선의 흐름 속에서 자연스럽게 정(定)을 위한 묵조의 수행의 한계를 절감하고, 일과 사물과 생활 속에서 생생하게 살아 있었던 조사들의 가르침을 화두로 전환하여 깨달음을 위한 방편의 도구로 활용한 것이다.

병통을 경계하라

들어가며

흔히 불법은 우리들의 병에 따라 성현들이 지어 준 약방문이라한다. 선공부 하는 길에 병통이란 일상의 생활 속 바로 지금, 당면한 현실에서 생각, 감정, 느낌의 지견으로 떨어지는 분별망상을 가리킨다. 이는 진실을 가리는 장애물이다. 거친 분별은 우리들이 금방 알아차려 쉽게 벗어날 수 있으니 큰 장애가 되지 않는다. 그런데 지금 이 순간, 진실의 불법에 관하여 이렇게 쓰고 있고, 읽고 있는 이 일에서 분별로 빠지지 않기란 쉽지 않다. 이러한 미세한 분별을 경계하느라 성현은 말씀하신다. 별도의 성인의 이해나 경지가 있는 것이 아니고, 다만 범부인 우리들의 알음알이만 다하면 된다고. 지금 이때, 우리 내면의 풍경은 어떠한가? 대혜 스님의 편지 말씀을 경청(敬聽)해 보자.

서장 내용

운문 대사가 말했다.

"빛을 뚫고 나가지 못하는 데는 두 가지 병이 있다. 하나는 모든 곳에서 밝지 않아서 앞에 사물이 있는 것이다. 또 하나는 모든 법이 공임을 뚫고도 마치 어슴푸레하게 한 개의 사물이 있는 것 같다면 이 역시 빛이 뚫고 나아가지 못한 것이다. 법신(法身)에도 두 가지 병이 있다. 하나는 법신(法身)에 도달하여도 법에 집착하여 잊지 못하고 자기(自己)라는 견해가 아직 남아 있어서 법신 곁에 머물러 있는 것이다. 또 하나는 비록 법신을 뚫고 벗어나더라도 놓아주면 '이 법신이 무엇인가?' 하고 다시 자세히 점검해 보아야 한다고 한다면 이 상태 또한 잘못된 것이다. 오늘날은 이 법을 배우는 수행자들이 법신을 뚫고 지나가는 것을 지극한 일로 삼지만 운문(雲門)은 도리어 이것을 병으로 여기고 있다."

허 거사(許居士)가 편지에서 "일상 속에서 텅 비고 확 트여 마주할 한 물건이 없으니 비로소 삼계의 만법이 본래 없다는 것을 알고 곧장 안락하고 쾌활하게 놓아버렸다."고 했다. 이에 게송을 지어 보내주었다.

"깨끗한 것을 좋아하지 마라. 깨끗한 곳이 사람을 괴롭히느니라. 쾌활한 것을 좋아하지 말라. 쾌활한 것이 사람을 미치게 하느니라. 물이 그릇에 들어있으면 그릇을 따라 모나고 둥글고 짧고 길게 되는 것과 같다. 놓아버림과 놓아버리지 않음을 다시 자세히 헤아려 보아라. 삼계와 만법은 어디로 돌아가는 것이 아니다. 곧장 안락하고 쾌활하기만 하다면 크게 어긋난다. (……)" 46)

다시 보기

선공부를 하다 보면 좋은 경계가 나타나면 곧장 그 속에 머무는 병통이 있다. 병을 물리치는 것이 약이지만 약이 좋은 것은 아니다. 병이 없이 약을 먹으면 약도 독이 된다. 선공부에서 몸과 마음에 고통이 오는 병통은 시간이 지나면 저절로 치유가 되지만, 자칫 좋은 경계에 집착하게 되면 더 이상 나아가지 못하는 한계에 봉착하기 쉽다. 좋은 것에 집착하는 것도 병이다. 고통으로 고통을 막으려고 비는 것과 같다.

어느 정도 수행의 진척 과정에서 얻어지는 쾌활하고 안락한 경지에 집착하는 것을 질책하고 있다. 편안하고 쾌활한 상태가 간화선에서 추구하는 목표가 아니기 때문이다. 간화선의 목표는 깨달음이다. 빛이 바로 깨달음이며, 지혜이다. 또렷하게 깨달음과 계합(契合)이 되지 못한 상황일 때에는 아직까지 어둡거나 희미하게 짐작할 뿐인 상태이다. 빛을 뚫고 나가지 못한다. 두 가지 병통 중

---

46) 엄교수(嚴敎授) 자경(子卿)에 대한 답서(50).

하나는 대상에 밝지 못해서 사물에 막히는 소지장(所知障)의 장애이고, 다른 하나는 공한 줄 알면서도 사물에 대해서 아직까지 희미하게나마 인식하고 있는 번뇌장(煩惱障)의 장애이다. 소지장은 아직 법에 대한 집착인 법집(法執)이 남아있는 것이고, 번뇌장은 아직 아(我)에 대한 아집(我執)의 집착이 남아 있는 단계이다.

달마는 무심론의 게송에서 이렇게 말한다.

"마음도 없고 작용도 없고, 비춤도 없고 작용도 없으면 무위(無爲)이다. 이것이 여래의 참된 법계이니 보살이나 벽지불과는 다르다."

무위(無爲)만이 적멸이고 깨달음이다. 마음에 남아있는 어떤 좋은 경계도 무위가 되지 못한다. 남아있다면 유위(有爲)에 머물고 있음이다. 오히려 좋은 경계에 쉽게 집착하게 되니 경계할 일이다.

총명함보다 둔근기가 낫다

들어가며

　지금 여기, 수많은 개념의 파도가 인연 따라 나타났다 사라진다. '총명함보다 둔근기가 낫다' 하는 개념에 접속되는 순간, 선공부하는 데는 둔한 근기가 더 나은 것이구나, 하며 금방 분별의 이해에 떨어진다. 이 일은 자기 본마음의 풍경[本地風光]에 통하지 못하게 하는 큰 허물로 지적받는다. 이러한 허물은 하루 아침에 고쳐지지 않는다. 그래서 '이치는 문득 깨치면 되는 일인데 현상의 일은 점차로 사라진다' 하신 귀한 말씀이 전해지고 있다. 어떠한가? 여기에는 날카로움보다 둔함의 근성이 더 필요할 것 같지 않은가? 대혜 스님의 편지 말씀을 경청(敬聽)해 보자.

서장 내용

흔히 근기가 날카롭고 지혜가 출중한 사람들은 힘들이지 않고 얻고 수행도 하지 않으면서 쉽사리 앞날의 경계에 끄달려서 주인 공 노릇을 하지 못한다. 그리하여 날이 가고 달이 갈수록 헤매다가 되돌아오지 못하면 도(道)의 힘이 업(業)의 힘을 이기지 못하게 되고 마구니가 기회를 얻게 된다. 마침내 마구니에게 사로잡혀 목숨이 떨어질 때가 되어서도 역시 힘을 얻지 못한다.[47]

사대부들이 곧장 뚫고 벗어나지 못하는 이유는 근성이 너무 날 카롭고 지견이 너무 많아 종사(宗師)가 입을 열자마자 금방 알아 차리기 때문이다. 외려 근기가 둔한 사람이 여러 잘못된 지식이나 잘못된 깨달음이 없기 때문에 문득 하나의 동작이나 모습을 보거나, 한마디 말을 듣거나, 한 구절을 읽고 격발(擊發)되는 정도가 더 낫다. 이런 사람은 달마대사가 나타나 온갖 신통을 다 부려도 어찌하지 못한다. 그에게는 장애 될 만한 도리가 없기 때문이다. 근기가 날카로운 자는 오히려 날카로운 근기에 막혀 문득 잘라 내거나 홀연히 부수지 못한다. 설사 총명한 지식과 이해를 바탕으로 배워 얻는다고 할지라도 자기 본분사(本分事) 위에서는 더욱 힘을 얻지 못한다.

---

47) 이참정(李參政) 한로(漢老)에 대한 답서(9-1).

그러므로 남전(南泉) 스님이 말했다.

"요즘 선사(禪師)는 대단히 많으나 어리석고 둔한 사람은 찾을 수가 없다."

단지 근기가 둔한 것에 머물러 다시 번뇌를 일으킨다면 헛된 환상 위에 다시 환상을 더하는 것이고 헛꽃 위에 또 헛꽃을 얻는 것이다. 근성이 둔함을 아는 것은 결코 둔함이 아니다. 둔한 것을 지키고 있어도 안 되지만, 둔한 것을 버려서도 안 된다. 취하고 버리고 날카롭고 둔함은 사람에게 달려 있는 것이며 마음에 달려있지 않다.[48]

지식인이 이 도를 배우려면 도리가 어둡고 우둔해야 들어갈 수 있다. 그렇다고 어둡고 둔함에 집착하여 스스로 나에게는 깨달을 몫이 없다고 여긴다면 어둡고 우둔함이라는 마귀에게 사로잡히는 꼴이 된다. 평소 지견이 많으면 깨달음을 찾는 마음이 앞을 가로막기 때문에 자기의 올바른 지견이 나타날 수 없다.[49]

사대부는 이 도를 배움에 있어서 총명하지 않음을 걱정하지 말고 너무 총명함을 걱정해야 한다. 지견이 없음을 걱정 말고 지견이

48) 진소경(陣少卿) 계임(季任)에 대한 답서(17-1).
49) 이보문(李寶文) 무가(茂嘉)에 대한 답서(45).

너무 많음을 걱정해야 한다. 총명이 지나쳐 문자선인 갈등선(葛藤禪) 속으로 들어가 버리면 안 된다. 사대부 가운데 공부를 많이 한 사람은 무명이 많고 책을 적게 읽은 자는 무명이 적다. 관직이 낮은 자는 아상(我相)이 낮고 관직이 높은 자는 아상이 높다. 스스로 "나는 총명하고 영리하다."고 말하다가도 털끝만큼이라도 이해관계가 걸린 일을 만나면 총명과 영리함은 볼 수 없고, 평생 읽은 책을 단 한 글자도 써먹지 못한다.[50]

다시 보기

학문하는 사람들 대부분은 세속에 밝고 배운 게 많아 부귀와 공명을 누리고 거기에 도취되어 탐관오리가 되고, 손가락질 받는 경우가 많다. 이런 사람일수록 분별심이 많고 생사화복(生死禍福)이 코앞에 닥치면 더욱 우왕좌왕한다. 그보다는 크게 가진 것이 없는 시골의 농부가 오히려 도를 닦기가 수월할 수 있다. 총명한 사람도 너무 총명함에 매몰되어서는 안 된다는 것을 일깨우고 있다. 쉽게 이해되고 쉽게 배운 것은 쉽게 잊힌다. 일단 이해가 되면 먼저 자신의 지식으로 삼고 더 이상 깊이 있게 고민하려고 하지 않는다. 새로운 소식을 알고자 할 때에도 총명한 사람들은 처음에는 주의 깊게 살펴보지만 금방 알고 나면 주의가 멀어진다. 그럴수록 더욱

---

50) 이랑중(李郎中) 사표(似表)에 대한 답서(44).

찾는 것은 많아지고 이곳저곳에 쌓인 것이 많아지면 스스로 복잡해지고 큰 물줄기를 놓치고 우왕좌왕하게 된다.

근기가 날카롭고 지혜가 뛰어난 사람들은 힘들지 않게 머리로 이해하고 더 이상 얻을 것이 없다고 단정한다. 그러고는 곧장 또 다른 중요한 일들이 있는 것으로 생각하고 앞으로만 달린다. 도는 특별하고 어려운 것에만 있는 것이 아니다. 작고 쉬운 것이라도 깊게 궁구하면 큰 것이 되고 어려운 것이 된다. 큰 것과 어려운 것은 모두가 피해 가지만 작고 쉬운 일에는 총명한 자들이 관심을 갖지 않는다. 작은 것을 얻고도 더 이상 돌아보고 철저하지 않으면 큰 것으로도 나아갈 수 없다. 작은 것들이 해결되지 않으면 쉽사리 눈앞의 경계에 끌려 스스로 주인공 노릇을 하지 못한다. 그리하여 날이 가고 달이 갈수록 헤매다 돌아오지 못하면 그동안 이룬 도의 힘이 약해지고 눈앞에 업(業)의 힘을 이기지 못하여 마구니가 기회를 얻게 된다. 결국은 마구니에게 사로잡혀 목숨이 떨어질 때가 되어도 역시 힘을 얻지 못한다.

오히려 근기가 둔한 사람들은 작은 일에서부터 충실하다. 이미 사량하는 바가 많지 않기 때문에 즉시 깊이 받아들일 준비가 되어 있다. 그렇다고 둔함에 머물기만 한다면 둔하고 둔하여 얻을 바가 없다. 스스로 둔함을 알고 분발하여 작은 일이라도 꼼꼼히 새겨서 살펴볼 일이다.

나는 왜 이렇게 둔할까?

둔하다고 생각하는 나는 누구일까?

둔한 나는 누구일까?

언어는 방편이다

들어가며

　선공부는 우리들의 본분의 일을 해결하는 길이다. 혹자는 도(道)를 배운다거나 진실한 자기를 찾는 일이라고 표현하기도 한다. 그런데 이렇게 말은 해도 자가당착에 빠지지 않을 도리가 없다. 본분의 일, 도(道) 혹은 진실한 자기라는 말은 할 수 있는데, 토기 뿔, 거북 털처럼 거기에 해당되는 대상이 있는 일이 아니기 때문이다. 지금 이 순간의 현실에 당면해서도 무엇인가 뜻을 전달하려 무진장 애를 쓴다. 아무리 노력해도 이러한 언어만 드러날 뿐, 진실의 실제와는 거리가 있다. 그래서 예부터 진실은 언어의 길이 끊어지고, 마음의 행로가 사라진 자리라는 방편의 말밖에는 할 수 없었던 것은 아닐는지? 대혜 스님의 편지 말씀을 경청(敬聽)해 보자.

서장 내용

언어는 도(道)를 전달하는 수단일 뿐 깨달음과는 거리가 멀다. 그렇다고 말 없음을 도라고 잘못 알고 거기에 현혹되어서는 안 된다. 언어는 방편(方便)에 불과하다. 강을 건넜으면 배가 필요 없듯이 방편을 활용한 이후에는 미련 없이 내다버려야 한다.

평전(平田) 스님이 말했다.

> "이 문으로 들어오려고 한다면 지식으로 이해하지 마라.(入此門來 莫存知解)"[51]

부처님께서 말씀하셨다.

> "중생이 말하는 것을 취하지 말라. 모두가 유위(有爲)의 허망한 일이다. 비록 다시는 말의 길에 의지하지 않는다고 할지라도 또한 말 없음에도 집착하지 말아야 하느니라."[52]

장경(章敬) 스님이 말씀하셨다.

> "지극한 도리에는 말이 없다. 요즘 사람들은 이를 알지 못하고 억지

---

51) 증시랑(曾侍郞) 천유(天游)에 대한 답서(3-2).
52) 이참정(李參政) 한로(漢老)에 대한 답서(9-1).

로 그 일을 익혀서 공(空)을 이룬다고 여긴다. 자성(自性)은 본래 분별되는 경계가 아니라 미묘한 대해탈분임을 알지 못한다."[53]

다시 보기

선종은 마음을 근본으로 삼고 문이 없음을 법의 문으로 삼는다. 문이 없다는 것은 천차만별한 곳에 길이 열려 있다는 것이며, 어느 쪽이든 마음의 근본에 도달할 수 있기만 하면 된다. 지극한 도는 언어나 문자로 표현할 수 없으니 어쩔 수 없이 말이나 글로써 일부를 드러낼 뿐이다. 그래서 말과 글 그대로는 지극한 도에는 미치지 못한다. 말과 글의 본뜻을 마음에 새기는 것이 쉽지 않기 때문이다. 말과 글을 거울로 삼더라도 자기 스스로의 체험과 이심전심(以心傳心)의 소통이 없이는 불가능하다.

황벽 스님이 "육조 혜능 스님이 경전을 알지 못했지만 신수 대신에 어찌 조사가 되었는가?"라는 제자의 질문에 이렇게 말했다. "신수 상좌에게는 마음이 있었다. 이것은 유의법이니 수행하여 깨닫는 것을 옳다고 여겼다. 그래서 육조에게 법을 전했다. 육조는 다만 묵묵히 계합하여 여래의 깊은 뜻을 비밀리에 받았다." 육조 혜능은 경전 대신에 알음알이가 없는 무위법의 마음으로 계합하여 오히려 무위법을 얻을 수 있었다. 무위법은 설명할 수 없기에

---

53) 진소경(陳少卿) 계임(季任)에 대한 답서(17-1).

비밀이다.

그렇다고 언어나 문자가 없으면 소통이 가능할 것인가? 언어나 문자에 집착하지 말라는 뜻이다. 언어나 문자를 빌리지 않고는 첫걸음을 떼기가 어렵다. 언어와 문자가 필요하다는 것도 벗어나고, 필요 없다는 것도 벗어나야 한다. 언어 문자가 중요한 것이 아니라 이것에 집착하는 우리들의 마음이 문제이기 때문에 그렇다. 언어 문자에 집착의 마음을 내려놓으면 언어 문자가 살아나고, 집착의 마음을 붙이면 본래의 의미가 사라지고 집착하는 마음의 영상만 언어 문자 위에 남는다. 배는 강물을 건너기 위한 것이다. 배는 본래 집착이 없다. 언어 문자도 소통의 도구일 뿐이다. 소통하면 그만이다. 있고 없고에 대한 집착이 문제이다. 언어 문자는 죄가 없다. 본래로 언어 문자 자체에는 집착이 없기 때문이다.

유무에 집착하지 않는다. 마찬가지로 말 없음 또한 집착하면 안 되듯이 말 있음에도 집착하면 안 된다. 우리가 배운 바 지식들은 대부분 언어로 습득된 지식이다. 언어로 습득된 지식을 털어내고 마음에서 마음으로 받아들여야 한다. 말로써 말을 주고받으면 하는 말이 다르고, 듣는 말이 다르기에 한참 어긋난다. 운문(雲門) 스님이 말했다. "말속에 말려들었구나!"

지식과 이해로 사량하지 말라

들어가며

우리의 일상생활은 보고 듣고 느끼고 아는 그 경험의 연속이다. 이때 경험되어지는 모든 일은 그 이전의 견해나 지식에 의해 영향 받는다. 가령 처음 보게 되는 것이나 처음 듣게 되는 것을 만났다고 가정해 보자. 우리는 그것을 어떻게 형언해 내는가? 그동안 자신의 경험 속에 축적된 지식과 이해를 바탕으로 그것을 비교분별하게 된다. 이런 분별구조를 거쳐 잠시 있는 것처럼 언어로 드러난다. 참으로 허약하고 허망한 헛것이다. 헛것이 아닌 참진실은 불가설의 깊고 깊은 미묘함이다. 그래서 생각으로 헤아리면 어긋난다고밖에 말할 수 없었던 것 아닐는지? 대혜 스님의 편지 말씀을 경청(敬聽)해 보자.

서장 내용

평전(平田) 스님이 말했다.

"이 일은 마음을 가짐으로써 찾을 수 없고, 마음을 버림으로써 얻을 수 없으며, 언어로써 도달할 수 없고, 침묵으로써도 통할 수 없다."

흔히 참선하는 사람들은 다만 '이렇구나' 하고 생각하며 지나칠 뿐, 결코 '무슨 도리인가?' 하고 자세히 살펴보지 않는다. 힘센 대장부라면 말을 듣자마자 즉시 금강왕보검(金剛王寶劍)을 쥐고 단칼에 네 길의 갈등을 잘라내 버릴 것이다. 네 길, 즉 마음에 둠과 두지 않음, 말과 침묵 등 헤아리고 사량함을 끊어버린다.[54]

깨달음으로 들어가는 것을 가로막는 것이 지해(知解)다.[55]

사대부들은 도를 배워도 기꺼이 마음을 비우려 하지 않는다. 선지식의 가르침을 들어도 선지식이 입을 열자마자 바로 이해한다. 그러나 그에게 이해한 것을 솔직하게 말해보라고 요청하면 모두 잘못된 견해를 나타낸다. 말하는 앞에서 이해하는 것을 진정 좋아하지만 도리어 언어 위에서 막혀버린다. 사대부들은 마음속에서

---

54) 증시랑(曾侍郎) 천유(天游)에 대한 답서(3-2).
55) 부추밀(富樞密) 계신(季申)에 대한 답서(13-1).

생각하고 헤아려서 도달하려고 하고, 입속에서 분명하게 말하려고 할 뿐 그것이 잘못인 줄은 전혀 알지 못한다. 부처님께서 말씀하셨다.

"여래는 온갖 비유로써 여러 가지를 설명하지만, 이 법을 설명할 수 있는 비유는 없다. 왜 그러한가? 이 법은 마음으로 아는 길이 끊어져서 생각으로 헤아리거나 말하지 못하기 때문이다."[56]

조 대가(措大家)는 일생 낡은 종이만 파고들면서 이 일을 알고자 온갖 책들을 두루 섭렵하고, 공자와 맹자, 장자, 주역이 어떠하니 하면서 고담준론(高談峻論)을 일삼았다. 이 보잘것없는 말에 부림을 당하면 뒤죽박죽이 되어 버린다. 제자백가의 가르침 가운데 모르는 것이 있으면 부끄러워하지만 자기 집안일을 질문받으면 아는 자가 한 사람도 없다. 종일 남의 돈을 헤아리지만 스스로에게는 반 푼의 돈마저 없다. 화두를 가지고 문자를 찾고 과거의 사례를 끌어와 증명하거나 추측하고 해석하는 일은 절대로 하지 말라. 비록 주석하고 해석한 것이 귀결점이 있더라도 모두가 귀신 집의 살림살이일 뿐이다.[57]

요즘 사대부들은 성급하게 선을 이해하려고 경전의 가르침과

---

56) 장제형(張堤刑) 양숙(暘叔)에 대한 답서(27).
57) 여랑중(呂郎中) 융례(隆禮)에 대한 답서(33).

조사의 언설 위에서 두루 헤아려서 분명히 알았다고 말하려 한다. 이는 분명히 아는 것이 아닌 줄을 전혀 모르고 하는 헛짓거리다.[58]

경전의 가르침이나 조사의 말마디에서 맛본 적이 있거나, 눈으로 보고 귀로 듣는 곳, 마음으로 생각하는 곳에서 맛본 적이 있다면 전혀 쓸모가 없다.[59]

다만 평소에 분별심이 머물 수 없는 곳과 취할 수도 없고 버릴 수도 없는 곳에서 화두를 살펴보아라. 화두를 살펴볼 때 평소의 총명과 영리함을 가지고 생각하고 헤아리고 추측하면 십만 팔천 리가 오히려 먼 것이 아니다.[60]

황벽(黃檗) 스님이 말했다.

"우리 선종은 대대로 사람들에게 지식과 이해를 구하라고 가르친 적은 없다. 마음은 안에도, 밖에도, 중간에도 있지 않아서 진실로 방향과 처소가 없으므로 무엇보다 지식과 이해로 알려고 해서는 안 된다. (……) 분별하는 마음으로 헤아리는 일이 끝난다면 마음에는 방향이나 처소가 없다.(……) 그대들이 깨닫지 못할까 봐 염려하여 방편으로 도라는 이름을 세운 것이므로 이름에 머물러 이해해서는 안 된다."[61]

58) 종직각(宗直閣)에 대한 답서(38).
59) 왕교수(王教授) 대수(大受)에 대한 답서(41).
60) 서현모(徐顯摸) 치산(稚山)에 대한 답서(52).

석가세존께서 말씀하셨다.

"깨달음의 길은 생각으로 헤아리지 못한다."[62]

사량하고 헤아릴 수 있는 것을 몽땅 다른 세계로 쓸어내다 버리리라.[63]

다시 보기

지해(知解), 알음알이는 도를 막는다. 막힘 즉, 집착이 있으면 지혜(知慧)가 아니고, 막힘이 없으면 그것이 순수한 지혜가 된다. 마음의 집착에서 일어난 지해는 지혜가 아니라 헤아려 보는 사량 분별심이다. 사량 분별은 대부분 제6식의 훈습된 인식 작용이며, 제7식의 자아의식에서 출발한 인식이다. 제6식과 제7식의 작용은 유루심의 결과이다. 인간의 의식 상태는 대부분 언어 작용으로 이루어진다. 언어는 말이나 문자이며, 소리와 시각으로 전달된다. 같은 소리와 같은 시각으로 상대방에게 전달되지만 생각하는 뜻은 모두에게 다르게 들리고 보인다. 이러한 이해 과정을 의언(意言)이라 한다. 언어에 대한 주관적이고 의지적인 작용을 말한다.

---

61) 증시랑(曾侍郎) 천유(天游)에 대한 답서(4-3).
62) 조태위(曹太尉) 공현(功顯)에 대한 답서(56).
63) 변제형(변堤刑) 무실(茂實)에 대한 답서(63).

소리와 시각은 일정한 울림과 파동으로 전달된다. 울림이 성경(聲境)이고, 파동이 색경(色境)이다. 이에 대한 내면의 전5식의 움직임이 안식(眼識)이고, 비식(鼻識)이다. 안식과 비식은 이미 많은 대상에 대한 일정한 인식의 경험을 가지고 있으며, 대상과 부딪히는 순간 기존에 훈습된 인식작용을 되풀이하려고 한다.

또한 전5식의 일차적인 감각 인식에만 머물지 않고, 제6식의 사량 분별의 과정을 거친다. 이때에는 오래 훈습된 제8 아뢰야식에 저장된 종자와 제7식의 번뇌 집착의 영향을 받는다. 언어 문자는 이러한 의언(意言)의 작용을 거쳐야만 인식 작용이 가능하다. 이미 언설로 개념화되어 인식의 오류를 발생시키는 원인으로 작용한다. 이것을 지식과 이해의 사량 분별이라고 한다.

선은 언어에 묶이지 않고〔言語道斷〕, 바로 마음을 가리키는 직지인심(直旨人心)이다. 화두는 언어 문자가 아니다. 상호 소통을 위한 도구가 아니라 모든 장애물을 걷어 내고 마음에서 마음으로 전달(以心傳心)하는 도구일 뿐이다. 없다고 하면 있다는 생각을 하고, 있다고 하면 없다는 생각을 한다. 있고 없음의 집착이 필요하지 않다는 것이 '없다'의 본래 의미이며, 있고 없음은 사량분별만 될 뿐이다. 의언(意言)도 인식 오류의 원인이기도 하지만 번뇌를 떠난 정심(定心)에서는 바른 가르침을 이해할 수 있는 방법이기도 하다.

시비분별을 없애라

들어가며

시비분별의 구조는 우리들 분별 구조의 전형적 틀이다. 살펴보면 이러한 분별 속에는 항상 '나'가 등장하고 있다. '나' 없이는 결코 상대적 개념의 분별이 드러날 수 없는 일이다. 지금 이 순간, 주의를 이 눈앞으로 조금 가져와 보자. '나'라고 지칭했을 때, 그 '나'는 어디 있는 것인가? 어디까지가 '나'라고 할 수 있는 것인가? 모든 개념과 관념의 언어를 벗어나서 지금의 현실경험, 바로 여기에서 철저해져 보자. 마음의 시선을 자신을 향해 두고 질문해 보라. '나'는 어디 있는 것인가? 여기까지가 '나'인가? 요기까지가 '나'인가? 이때 분명 말을 좇으면 두 갈래 세 갈래 길이 있는 듯 보이나 혹여 하나의 바탕에서 일어난다는 사실이 알아차려지지는 않았는가? 어떠한가? 이런 방식에 익숙해지면 불꽃 위에 내리는 눈처럼 우리들 시비분별 또한 나타나는 즉시 사라질 수 있을 것 같지 않은가? 대혜 스님의 편지 말씀을 경청(敬聽)해 보자.

서장 내용

암두(巖頭)가 말했다.

"큰 근본이라면 반드시 말을 알아야 한다. 무엇이 말인가? 아무것도 생각하지 않을 때를 옳은 말이라고 하고, 꼭대기에 머문다고도 한다. 머무를 수 있다고도 하고, 또렷하다고도 한다. 활짝 깨어있다고도 하고, 이러한 때라고도 한다. 이러한 때 모든 시비분별을 골고루 때려 부수니, 이렇게 되자마자 곧장 이렇지 않다. 옳다는 말도 없애버리고 그르다는 말도 없애버려 마치 하나의 불덩어리 같아 닿기만 하면 바로 태워버리는데 곁에 무엇이 있을 수 있겠는가?"

사대부들은 사량하고 비교하는 것에 의지한다. 헤아리고 비교하고 짜 맞추는 것이 분별심이다. 삶과 죽음을 따라 흘러가는 것도, 두려워하고 당황하는 것도 분별심이다. 경에서 "분별심은 따라다니면서 지혜를 따르지 않는다."라는 말은 이런 뜻이다. 이런 까닭에 본지풍광(本地風光)과 본래면목(本來面目)에 어둡다. 만약 한꺼번에 분별심을 놓아 전혀 사량하거나 헤아리지 않을 수 있어서 문득 발을 헛디뎌 코를 밟는다면, 이 분별심이 참으로 텅 빈 미묘한 지혜이며 또 다른 지혜가 없다.[64]

---

64) 증시랑(曾侍郞) 천유(天游)에 대한 답서(3-2).

마음이 나무나 돌과 같아도 소용이 없고 반드시 자기의 분별심이 부서져야 한다. 분별심이 부서지면 무엇 때문에 마음을 맑게 하고 생각을 안정시키는 말을 하겠는가? 종횡으로 무슨 막힘없는 말을 할 것이며 무슨 불경과 외도의 경전을 말하겠는가? 한 번 깨달으면 모두를 깨닫는 것이며, 한 번 밝히면 모두를 밝히는 것이다.[65]

만약 즐거움과 괴로움을 같게 하고자 한다면, 일부러 붙잡고 있거나 잊어버리려 하지 말고 하루 24시간 내내 탁 놓아서 막힘없게 하여라. 즉, 분별하지 말고, 있고 없고를 떠나라. 혹 그대의 오래된 습기(習氣)가 언뜻언뜻 일어날 때에도 마음을 내어 억누를 필요가 없다. 다만 뜻이 일어난 곳에서 "개에게도 불성이 있습니까?" "없다."라는 화두만 살펴보아라. 바로 그러한 때는 마치 붉은 화로 위에 한 점의 눈송이와 같다.[66]

화두를 자신에게 말해 줄 때는 솜씨를 발휘할 필요가 없다. 언제나 분별하지 말고 살펴보고 또 살펴보아 길이 없어지고 맛이 없어져서 마음이 초조하고 갑갑함을 느낄 바로 그때가 자신의 목숨을 버릴 때다. 이와 같은 경계를 만나면 물러서서는 안 된다. 이 경계가 바로 부처가 되고 조사가 되는 소식이다. 일상생활에서 여러

---

65) 유보학(劉寶學) 언수(彦修)에 대한 답서(22).
66) 유통판(劉通判) 언충(彦沖)에 대한 답서(23).

가지 행동 가운데 차별경계를 만나 힘들지 않음을 느낄 때가 바로 힘을 얻는 곳이다. 힘을 써서 지탱한다면 이것은 사법(邪法)이며 불법이 아니다. 버티고 버티다가 마음 갈 곳이 없어지면 문득 자다 가 꿈에서 깨어난 듯하고 구름을 헤치고 해가 나온 듯하다. 이런 때에 도달하면 저절로 한 덩어리가 된다. 모든 곳에서 마음이 없으 면 여러 가지 차별경계가 저절로 없어진다.[67]

총명한 사람은 총명이 장애가 되므로 도를 보는 눈이 열리지 않 고 곳곳에서 막히게 된다. 중생은 아득한 옛날부터 분별심에 부림 을 당하여 삶과 죽음 속을 흘러 다니며 자유롭지 못하다. 진실로 삶과 죽음에서 벗어나 막힘없는 사내가 되려면 단칼에 두 동강을 내어 분별심의 길을 끊어버려야 비로소 약간이나마 들어맞는다. 그 러므로 영가현각(永嘉玄覺) 스님은 "진리의 재산에 손해를 끼치 고 공덕을 소멸시키는 것이 이 분별심으로 인하지 않는 것이 없 다."고 말했다.[68]

조사(祖師)가 말했다.

"분별이 생기지 않으면 텅 비고 밝아서 저절로 비춘다."

---

67) 종직각(宗直閣)에 대한 답서(38).
68) 왕교수(王教授) 대수(大受)에 대한 답서(41).

또 선성(先聖)이 말했다.

"마음을 갖고 분별하고 헤아리기만 하면 자기 마음에 드러난 것들이 모두 꿈이다."[69]

한 승려가 노숙(老宿)에게 물었다.

"이 세계가 이렇게 뜨거운데 어느 곳으로 피해야 합니까?"
"펄펄 끓는 가마 속과 이글이글 불타는 화로 속으로 피하라."
"그런데 어떻게 펄펄 끓는 가마 속과 이글이글 불타는 화로 속으로 피하겠습니까?"
"온갖 고통이 이룰 수 없다."

노숙의 말은 내가 효과를 본 약방문이다. 내가 거사와 더불어 이 도에 서로 들어맞고, 이 마음을 아는 사이가 아니라면 쉽게 전해주지 못할 것이다. 다시 다른 탕약을 쓰지 마라. 다만 거사께서 가고 머물고 앉고 눕는 가운데 있다. 만약 손닿는 대로 집에 와 본지풍광(本地風光)으로 한 번 비추어 어긋남이 없다면 사람을 죽일 수도 있고 살릴 수도 있다. 그러므로 부처님과 조사께서는 항상 이 약을 가지고 펄펄 끓는 가마솥과 이글이글 불타는 화로 속에서 고뇌하는 중생들의 삶과 죽음이라는 큰 병을 치료하므로 이른바 대

---

69) 진소경(陳少卿) 계임(季任)에 대한 답서(18-2).

의왕(大醫王)이라고 부르는 것이다.[70]

"법은 분별로 말미암아 생겨나고 다시 분별로 말미암아 사라진다. 모든 분별법(分別法)을 소멸시키면 이 법에서 생겨나고 사라짐이 없다."[71]

사조도신(四祖道信)이 법융(法融) 선사에게 말씀하셨다.

"경계와 인연에는 좋고 나쁜 게 없다. 좋고 나쁨은 마음에서 일어난다. 만약 마음이 억지로 이름을 붙이지 않는다면 허망한 분별심이 어디에서 일어나겠는가? 허망한 분별심이 일어나지 않으면, 참마음이 걸림 없이 두루 알 것이다."[72]

다만 세속적인 분별심을 없애면 될 뿐 별도의 성스러운 지식과 이해는 없다. 공은 이미 한 번 웃으면서 바른 눈이 활짝 열려서 깨달은 소식조차 문득 사라졌다. 힘을 얻었는가 얻지 못했는가는 마치 사람이 물을 마셔보아 그 차갑고 따스함을 스스로 아는 것과 같다.[73]

---

70) 유시랑(劉侍郞) 계고(季高)에 대한 답서(43-2).
71) 루추밀(樓樞密) 중훈(仲暈)에 대한 답서(55-2).
72) 영시랑(榮侍郞) 무실(茂實)에 대한 답서(58-2).
73) 이참정(李參政) 한로(漢老)에 대한 답서(11-2).

다시 보기

인간의 진화 과정을 생각해 보면 유전적인 습득이 우리에게 있다. 우리의 자아는 오래 누적된 조상으로부터 내려온 유전적 관습과 어릴 때부터 체험하고 학습한 것들로 덮여져 있다. 그것이 모두 선천 후천적인 분별심이다. 이러한 분별심은 각자 가지고 있는 생각과 사물에 대한 편견, 망상을 일으킨다. 겹겹이 쌓인 분별심은 우리들의 필요에 따라서 만들어진 것들이다. 일정하지도 않고 서로 다르며 유위에 지어진 멍에이다. 그래서 허망한 것이라 한다.

이 과정에서도 마음속에 드러나지 못하는 본래 자성청정심이 잠들어 있다. 분별심에 가려진 청정한 본성은 모두가 동일하며, 만들어진 것이 아니라 본래 그러한 것이며, 본분사(本分事)와 함께한다. 그래서 분별심이 많으면 삶과 죽음의 순간에 전혀 힘을 발휘하지 못한다.

분별심이 발현될 때에 다만 뜻이 일어난 곳에서 "개에게도 불성이 있습니까?" "없다."라는 화두만 살펴보아라. 바로 그러한 때는 마치 붉은 화로 위에 한 점의 눈송이와 같다고 한다. 분별심은 근본 번뇌인 무명에서 시작하여 그동안 훈습된 선후천적인 것들로 아뢰야식에 저장된 종자에서 비롯된다. 그러나 아뢰야식은 스스로 번뇌를 발현할 수 없는 무부무기(無覆無記)의 종자이기 때문에 분별심에 직접적인 영향을 줄 수 없다. 제7식 말라식이 아뢰야식의 훈습 종자를 대상으로 집착함으로써 번뇌를 증장시켜 유루종자화(有漏種子化)한다. 여기에 제6식의 번뇌 심소들이 함께 분별심을 일으킨다. 그러므로 아뢰야식의 습기 종자가 현행하려고 하는 그 찰나의 순간에 화두가 필요하다. 이 순간에 "개에게도 불성이 있습니까?" "없다."라고 하는 화두로 전환하면서 분별작용을 끊을 수 있다. 바로 그러한 때는 마치 붉은 화로 위에 한 점의 눈송이와 같다고 한다. 화두의 불꽃 위에서 분별심의 종자가 눈이 녹듯이 사라지는 것을 말한다.

개인이 어떤 특정 생각에 습관적으로 마음이 끌리는 그 순간에 화두를 들면 그런 생각이 줄어드는 효과가 있다. 지속적으로 반복하면 습관적으로 현행하는 종자를 화두를 통해 습관화되지 않도록 하는 심리적인 변화가 일어난다. 분별심이 일어날 때마다 아뢰야식의 훈습된 종자가 현행하는 것을 차단할 수 있는 간화선을 오래 하다 보면 훈습된 종자들이 차례차례 녹아내려서 결국은 무루종자(無漏種子)가 성숙하여 모든 집착과 편견에서부터 벗어날 수 있다.

마음의 본성이 곧 공(空)인데 가유(假有)인 분별심을 집착하고 있다. 가유와 가아(假我)에 집착하는 것이 분별심이다. 분별심을 내려놓아야 공에 가까워질 수 있다. 모든 것이 가유의 상태로 되어 있는 것을 우리가 집착에 의해 실유(實有)로 인식해 번뇌를 일으킨다. 분별, 사량, 헤아림이 곧 무명이고 번뇌심이다. 번뇌(煩惱), 망상(妄想), 사량(思量), 분별(分別)만 놓아버리면 바로 그 자리가 본지풍광(本地風光)이고, 깨달음의 자리이고, 공(空)의 자리다. 만약 한꺼번에 분별심을 놓아버리고 전혀 사량하거나 헤아리지 않을 수 있어서 문득 발을 헛디뎌 코를 밟는다면 참으로 텅 빈 미묘한 지혜이고 다시 얻을 지혜는 없다.

코는 선가(禪家)에서는 본자리, 숨 쉬는 곳, 근본을 의미한다. 번뇌심을 놓아버리면 그 자리가 바로 코를 밟는 자리가 된다. 허공과 더불어 하나가 되면 모든 것이 다 텅 빈 속에서 지혜를 얻을 수 있다. 바람은 그냥 불지만 그것이 그대로 법음(法音)이고 새가 울지만 그것이 그대로 법음이다. 화두참선을 통해 자신이 집착했던 마음을 알아차리고 추스르고, 그렇게 푹푹 익어가다 보면 저절로 그 자리에 직입(直入)할 수 있다.

부순다는 생각과 차별 경계를 끊어라

들어가며

　선가(禪家)에는 수많은 공부인들의 공부 이야기가 전해져 온다. 그 공부 이야기를 따라가다가 종종 길을 잃을 때가 있다. 다양한 방편의 가르침의 진의를 등지고, 오히려 미혹을 부추기는 생각의 분별로 떨어졌기 때문이다. 이때, 조고각하(照顧脚下)! 지금 당장 여기의 일로 돌이키는 순간, 갑자기 눈앞이 단순명쾌하고 분명하게 드러난다. 개념의 이해 너머 지금 당장 우리들 자신의 본래 모습이 현실이 되는 순간이다. 이것이야말로 '부순다는 생각' 마저 넘어서고, 수많은 '차별의 경계' 까지 끊어낼 수 있는 특효약이 아닐는지? 대혜 스님의 편지 말씀을 경청(敬聽)해 보자.

서장 내용

천만 가지 의문이 하나의 의문이다. 화두가 부서지면 죽은 뒤에 끊어져 없어지는지 아닌지 하는 의문도 그 자리에서 얼음이 녹고 기와가 박살나듯이 사라진다. 그런데도 다시 끊어져 없어지는지 아닌지 가려내어 직접 분명하게 보여 달라고 하니, 이런 식견은 외도와 무엇이 다르단 말인가?[74]

매일 생활하는 가운데 "개에게는 불성이 없다."는 화두로 번뇌를 부수어 없앤다고 했다. 매일 인연을 상대하는 곳에서 차별경계를 느끼는 바로 그때, 차별하는 곳에서 "개에게는 불성이 없다."라는 화두를 스스로에게 말해 주어라. 이때 부수어 없앤다는 생각, 차별이라는 생각, 불법이라는 생각조차 하지 말라. 다만 "개에게도 불성이 없다."라는 화두만 살펴보라. 이 "없다."를 자신에게 말해 줄 뿐, 일부러 깨달음을 기다리지는 말라.

만약 일부러 깨달음을 기다린다면, 경계도, 불법도, 번뇌도 차별이 된다. "개에게는 불성이 없다."라는 화두도, 번뇌를 만나 몸과 마음이 어지러워 편안하지 못한 것도 차별이 된다. 여러 가지 차별을 능히 아는 것마저 차별이 된다. 만약 이 병을 없애려면 도살꾼 광액(廣額)이 칼을 놓고서 "나에게는 일천 부처가 하나다."라고 한 말이 진실인지 허위인지 살펴보아라. 진실이냐 허위냐를

---

74) 여랑중(呂郞中) 융례(隆禮)에 대한 답서(33).

따지고 헤아리면 다시 차별 경계 속으로 들어가 버린다. 한 칼에 두 동강을 내어 앞이니 뒤니 하는 생각을 하지 말라. 앞과 뒤를 생각한다면 다시 차별이 된다.

현사(玄沙) 스님이 말했다.

"이 일은 제한하거나 제약할 수 없다. 마음으로 생각할 수 없고 꾸며서 만들어지는 것이 아니다. 본래 진실로 고요하지만, 움직이고 행동하고 말하고 웃는 모든 곳에서 밝고 분명하여 조금의 부족함이 없다. 사람들은 이 속의 도리를 깨닫지 못하고 망령되게 사물과 관계하고 경계와 관계해서 곳곳마다 오염되고 집착하며 물건마다에 얽매인다. 설령 깨달았더라도 수많은 경계가 어지럽게 뒤섞여 이름과 모양이 진실되지 못하다. 마음을 모으고 생각을 거둬들여 사물을 끌어 모아 공으로 돌려야 한다. 눈을 감아 눈동자를 감추고는 일어나는 생각을 따라서 즉시 막아서 눌러버린다. 이와 같은 견해는 공무(空無)에 떨어진 외도이며 혼백(魂魄)이 흩어지지 않은 시체와 같다. 아득하고 캄캄하여 느낌도 없고 아무도 없어 마치 귀를 막고 방울을 흔드는 것처럼 스스로를 속이는 것이다."[75]

---

75) 종직각(宗直閣)에 대한 답서(38).

다시 보기

문제는 화두를 가지고 번뇌를 부수어 없앤다는 부분이다. 화두는 부수는 자도 없고 부수는 행위도 없고, 부수는 작용도 있지 않다. 경계는 우리 눈에는 차별이 있는 것으로 보이지만 본래는 차별이 없다. 자기 스스로가 지어내었을 뿐이다. 매일 차별 경계와 부딪히면서도 불법 속에 있다고 했는데 불법 속에 있으면 이미 차별 경계가 없어야 된다. 차별 경계 속에 있으면 불법 속에 있는 것이 아니다. 실제로 대상이 우리 마음에 들어온다면 모든 사람이 대상을 똑같게 해석해야 하지만 대상 자체는 자성이 없어서 '이것이다, 저것이다' 이렇게 공통적으로 인식될 수 없다. 그런데 우리 스스로가 사람마다 자기 인식 구조를 갖고 있어 자기의 인식구조에 따라서 대상을 달리 받아들인다. 비슷한 공간에서 함께 살아가는 사람들과는 비슷한 인식을 하고 있는 것으로 보이지만 공업(共業)에 의한 훈습일 뿐 미세한 부분에서는 천차만별이다.

세상이 차별 경계가 있는 게 아니고, 자기 마음이 차별 경계이기 때문에 대상이 차별 경계로 비춰진다. 오로지 차별하는 식(識)만 있고 대상[境]은 없다. 유식무경(唯識無境)이다. 나아가 식(識)도 자성을 갖고 있는 것이 아니다. 식(識)도 그때그때마다 변화되고 수정되고 또 보완되어 간다. 이 마음도 결국은 공할 뿐이고 대상도 결국은 공할 뿐이다. 그러므로 유식무경(唯識無境)이고, 만법유식(萬法唯識)이고, 식(識) 자체도 공하다.

일체는 본래로 아공법공(我空法空)이다. 다만 전변식(轉變識)

에 의하여 펼쳐졌을 뿐이다. 그것은 가유(假有)이어서 가아(假我)이고 가법(假法)이다. 그러나 이를 번뇌장(煩惱障)에 의하여 실아(實我)로, 소지장(所知障)에 의하여 실법(實法)으로 집착하면서 본래의 대상과 본성을 잃어버린다. 본래는 대상도 공하고 나의 주관적 인식도 공하다. 본성이 대상과 함께 공으로 하나가 될 때가 아공법공(我空法空)이다. 지혜로운 깨달음의 경계이다.

벽관은 끊어져 없어진 게 아니다

들어가며

우리의 마음으로 시선을 건네 보자. 마음은 늘 어떤 생각이나 감정 혹은 느낌들이 쉼 없이 오고 가는 현장이다. 한시도 가만히 조용한 법이 없다. 우리들의 이러한 현상을 직시하게 하고, 그에 따른 병통을 치유하는 약방문으로 벽관법이 전해진다. 약방문을 잘 숙지하여 병에 따라 잘 챙겨 먹고 나으면 그뿐이다. 그런데 누군가는 약방문에 대한 이해를 못해서 잘못 사용하기도 한다. 그러다가는 어이없게도 깊은 병을 치료하는 독한 약에 그만 죽어버릴 수도 있다. 우리 공부 길에서 방편의 약이 시설된 근본적 취지를 명심하고 또 명심할 일 아닐는지? 대혜 스님의 편지 말씀을 경청(敬聽)해 보자.

서장 내용

달마가 이조(二祖) 혜가(慧可)에게 말했다.

"밖으로 모든 인연을 쉬고 안으로 마음에 헐떡임이 없어서 마음이 장벽(障壁) 같아야 도에 들어갈 수 있다."

하루는 문득 달마가 보인 요지를 깨닫고는 달마에게 질문했다.

"제가 이번에 비로소 모든 것을 쉬었습니다."

달마가 물었다.

"딱 끊어져 없어진 것은 아니냐."

"아닙니다."

달마가 다시 물었다.

"네가 어떠하냐?"

"또렷이 늘 알고 있는 까닭에 말할 수 없습니다."

마침내 달마가 말했다.

"이것이 곧 예로부터 모든 부처와 조사가 전한 마음의 바탕이다. 네가 이제 이미 얻었으니 다시는 의심하지 마라."[76]

문을 걸어 잠그고 벽관만 한다고 하니 이는 마음을 쉬는 좋은 약이다. 만약 다시 경전과 옛사람의 말씀을 파고든다면 제8식 속에 아득한 옛날부터 심어놓은 삶과 죽음을 윤회하는 씨앗을 싹틔

---

76) 유보학(劉寶學) 언수(彥修)에 대한 답서(22).

워서 선근을 어렵게 만들고 도의 장애물을 만들 것이 틀림없다. 마음을 쉴 수 있다면 마음을 쉴 뿐이다. 지나간 일은 선이든 악이든 맞든 틀리든 전혀 생각하지 말라. 현재 일은 줄일 수 있다면 바로 줄여서 한 칼에 두 동강을 내어 버리되 머뭇거리며 의심하지 말라. 그러면 미래의 일은 저절로 이어지지 않는다.[77]

달마가 혜가에게 말했다.

"밖으로 모든 인연을 쉬고 안으로 마음의 헐떡임이 없어서 마음이 담벼락과 같아야 도에 들어갈 수 있다."

사람들은 이 말을 듣고 미련하게 앎이 없는 곳에서 스스로를 꼼짝 못 하게 단단히 눌러 막아 마음을 담벼락과 같게 하려고 한다. 하지만 이것은 바로 조사께서 밝힌 "잘못 알아차린 것이니, 어찌 방편을 이해한 것이랴?"라는 것이다.

암두(巖頭) 스님이 말했다.

"이렇게 되자마자 곧 이렇지 않으니, 옳은 말도 잘라 버리고 그른 말도 잘라버려라."

---

77) 왕내한(汪內翰) 언장(彦章)에 대한 답서(28-1).

이것이 바로 밖으로 모든 인연을 쉬고 안으로 마음에 헐떡임이 없는 모양이다. 비록 아직 꺾어버리고 확 부수어 버리지는 못하더라도 말에 꺼둘리지 않을 것이다. 달을 보았으면 손가락을 보는 것은 그만두어야 한다. 집으로 돌아갔으면 길 묻는 행동은 그만둬야 한다.78)

다시 보기

달마의 이입사행론(理入四行論) 첫 구절에는 "도에 들어가는 것에는 여러 가지가 있지만 두 가지를 넘지 않고, 이치로 들어가는 이입(理入)과 수행으로 들어가는 행입(行入)이다."고 한다. "이입은 가르침에 바탕을 두고 근본을 깨닫는 것이다.〔藉敎悟宗〕 일체중생이 동일한 진성을 가졌으나 객진번뇌와 망상에 덮여서 나타나지 못할 뿐이다. 가르침을 깊이 믿는 것이나 망상을 버리고 본성으로 돌아가려면 벽관(壁觀)에 고요히 머물러야 한다.〔凝住壁觀〕 자기도 없고, 남도 없으며 범부와 성인이 한 가지로 평등하다고 관찰하여 여기에 굳게 머물러서 마음을 옮기지 말아야 한다.〔堅住不移〕" 자교오종(藉敎悟宗), 응주벽관(凝住壁觀), 견주불이(堅住不移)이다.

이입(理入)은 이치로 들어가는 문이다. 대승의 교법이고 『능가

────────────
78) 장사인(張舍人) 장원(壯元)에 대한 답서(61).

경』의 가르침인 자성청정심(自性淸淨心), 객진번뇌염(客塵煩惱 染)이다. 이러한 가르침을 기반으로 하여 깨달음에 도달하는 것이다. 본래 청정한 본성을 찾거나 번뇌를 떠나기 위해서는 마음을 뭉쳐서 벽관(壁觀)에 주(住)하라는 것이다. 벽관은 벽 보고 관한다는 말이며, 벽이란 자신의 본성을 보는 일이다. 본성은 결국 아공법공이다. 그 성품을 보는 것인데, 해석을 하기에 따라서는 벽만 바라보고 앉는 것이라고 할 수도 있고, 이 세상을 등진 공부라고 말할 수 있고, 또 고요함을 즐기는 것이라고 할 수 있다.

그러나 그 본성을 믿고 깨닫는 방법 중의 하나가 벽관이지 벽만 보고 앉아 있는 것이 벽관이 아니다. 밖으로 모든 인연을 쉬고 안으로 마음에 헐떡임이 없어서 마음이 장벽(障壁) 같은 것이 벽관이고, 이를 통하여 도에 들어갈 수 있다. 혜가는 이 경지를 늘 알고 있는 까닭에 말할 수는 없다고 하였다. 이입(理入)은 이치를 전하는 말에 집착하는 말이 진실이라고 생각하는 것이 아니다. 어떻게 설명 할 수 없지만 또렷하게 알고 있는 그것이 벽관이다. 아공법공의 본성, 여래를 찾는 일의 시작이다.

역易의 도리는 불법의 도리와 다르다

들어가며

우리에게는 많은 지혜 있는 가르침이 전해져 온다. 어느 한 시대, 어느 한 곳, 그때마다 가르침마다 모두 귀하고 귀하다. 한마디로 가르침 자체는 아무런 허물이 없다. 다만 그 가르침을 이해하고 실천하는 사람에 따라 진실한 곳에 닿거나 틈이 생기거나 하는 것이다. 불법은 그 어느 쪽에도 얽매이거나 구속되지 않음을 강조한다. 모든 것은 항상 변화한다고 말하면서도 움직인 적이 없는 것이 불(佛)이라고도 한다. 우리들 마음 또한 깨어 있으면서 고요하다고 표현되어지기도 한다. 다르다고 했다가 같다고도 한다. 이 모순 같은 진실, 지금 우리의 진실은 어떻게 드러나고 있는가? 대혜 스님의 편지 말씀을 경청(敬聽)해 보자.

서장 내용

～～～～

그대의 동생 유언충(劉彦沖)은 공자가 말한 "역의 도(道)는 끊임없이 옮겨가는 것이다."라는 말을 불경의 "머무는 바 없이 그 마음을 내야 한다."라는 말과 하나로 회통(會通)시키고, 또 "고요하고 움직이지 않는다."라는 말을 "흙이나 나무와 다름이 없다."고 하니 정말 우스꽝스러운 일이다. 무간지옥(無間地獄)에 갈 업(業)을 짓지 않고 싶거든 여래의 바른 가르침을 훼손하지 말라.

그래서 경에는 "색깔·소리·냄새·맛·감촉·법에 머물러 마음을 내지 말아야 한다."고 한다. 이 말은 광대한 적멸묘심(寂滅妙心)은 색이나 소리로 찾을 수 없다는 뜻이다. "머무는 바 없어야 한다."라는 것은 이 마음에는 참된 바탕이 없다는 말이다. "그 마음을 낸다."라는 것은 '이 마음은 참됨을 벗어나 있는 것이 아니므로 있는 곳이 바로 참된 곳'이라는 것이다.

공자가 말한 "역의 도는 끊임없이 옮겨 다닌다."는 말은 이런 뜻이 아니다. '끊임없다'는 것은 '연이어 중첩한다'는 말이다. '옮겨간다'라는 것은 '바뀐다'는 말이다. 길(吉)함·흉(凶)함·흉했다 길해짐·길했다 흉해짐이 움직임 속에서 생겨나므로 끊임없이 옮겨간다'라는 것은 '항상함으로 돌아가 도에 합한다'는 뜻이다. 그러니 이것이 어떻게 "머무는 바 없이 그 마음을 내야 한다."는 말과 하나가 될 수 있단 말인가?

그러므로 규봉 종밀이 말했다.

146

"원형이정(元亨利貞)은 하늘의 덕(德)이므로 일기(一氣)에서 비롯하고, 상락아정(常樂我淨)은 부처님의 덕이므로 일심(一心)에 뿌리를 둔다. 일기(一氣)를 통해 부드러움에 도달하고, 일심을 닦아서 도에 이른다."

종밀처럼 이렇게 회통(會通)시켜야 비로소 유교와 불교 어느 한쪽에 치우치지 않고 미심쩍음을 남기지 않는다.

유언충이 "머무는 바 없이 그 마음을 내야 한다."라는 말과 "역의 도(道)는 끊임없이 옮겨가는 것이다."라는 말의 뜻을 하나로 관통시킨 것은 찬성할 수 없다. 만약 유언충처럼 짜 맞춘다면 공자와 석가에게 신속히 짚신을 사 신겨야 할 것이다. 왜냐하면 한 사람은 끊임없이 옮겨 다니고 또 한 사람은 머무는 바가 없기 때문이다.[79)

다시 보기

역(易)에서 이야기하는 도(道)란 끊임없이 옮겨가는 것으로 우주만물의 공통적인 변화의 움직임인 일정한 패턴을 말한다. 음과 양의 조합으로 치우침이 없는 중화(中和)의 상태가 순리에 따라서 이렇게 돌고 돌아서 무한으로 움직임을 반복하여 도에 합치된다는 일정한 움직임의 궤적(軌跡)이다. 천지만물이 흘러가는 변화를

---

79) 유보학(劉寶學) 언수(彦修)에 대한 답서(22).

설명하는 것이다. 불가사의한 우주의 움직임을 인간이 지각할 수 있는 방법으로 설명하고 표현한다. 이를 이용하여 길흉화복을 알 수 있다고 한다. 움직이는 것을 도라고 한 것이다.

그러나 불교는 움직이지 않는 적멸묘심(寂滅妙心)의 머무는 바가 없는 마음으로 세상을 설명하기에 무엇으로도 표현하고 설명할 수 없다. 이렇게 마음을 내는 것을 도라고 한다. 역(易)에서는 인식이 가능한 방법으로 설명하고자 한다. 역(易)에서의 도는 일정한 머무는 바가 있는 수단이기에 불교의 머무는 바가 없는 마음과는 완전히 다르다.

우리 앞에 있는 오관(五觀)의 대상인 우주와 세상이 흘러가는 것은 적멸묘심(寂滅妙心)의 마음에 의해서 드러나는 것이므로 색이나 소리 등으로 찾을 수 없다. 모든 것이 철저히 멸하여 남은 것이 없는 그 자리에서 머무는 바가 없는 마음, 그것이 바로 적멸의 묘한 마음이다. 일정한 외계의 사물을 두고 궁극의 문제를 추론하지 않는다. 우리들의 적멸한 마음에서 세상을 보고자 한다. 사물은 성주괴공(成住壞空)의 무상한 것일 뿐이고 승의(勝義)가 아니기에 도가 아니다. 무상한 우주와 세상은 마음에 의하여 밝혀지는 것이고, 그 마음을 본성으로 돌리는 것을 도라고 한다. 이러한 마음을 공심(空心)이라 한다. 마음을 본래로 돌아가게 하자는 것이 도인데 그 마음을 내어 표현하고자 하고, 길흉화복을 얻거나 피하고자 한다면 이것은 의도적으로 작심해 버리고, 길흉과 화복을 구분하는 집착이 된다. 이 마음의 참된 본성을 벗어나기에 도가 아니다.

불교의 고요하고 움직이지 않는다는 말을 끌고 와 흙이나 나무와 다름이 없다고 한다. 고요하고 움직임이 없다는 말은 본성의 마음이 그렇다는 것이다. 도는 어떤 행위에도 걸림이 없고, 어떤 생각이나 이론이나 사물에도 장애 받지 않는다. 역(易)에서 말하는 일정한 움직임의 원리는 그 자체가 원리이기에 이 원리 이외의 모든 이론과 사물에는 적용되지 않는다. 평등성을 결여한 것은 도가 될 수 없다.

또한 고요하고 움직이지 않는다는 것은 본래의 마음자리가 공심(空心)이기에 공심으로 돌아가서 그 마음을 내야 도가 되는 것이지 오관 경계에 치우쳐서 마음을 내지 말라는 뜻이다. 공심(空心)은 막힘이 없어서 자유자재로 움직이고 활용한다. 이렇게 마음을 쓴다는 것은 공용(空用)의 도리를 말한다. 역(易)은 세상의 움직임을 알아서 자신을 살펴보는 것이고, 불교는 자신의 본성을 알아서 세상을 부린다.

사구백비를 떠나라

들어가며

선공부 여정의 경지를 표현하는 말 가운데 '산은 산, 물은 물'이라는 표현이 있다. 우리들에게 산은 산이고, 물은 물이다. 그런데 공부 여정에서는 산은 산이 아니고, 물은 물이 아니다. 공부 여정이 끝나 진실한 자기로 돌아오면 다시 산은 산이고, 물은 물이다. 어떠한가? 우리에게 지금 산은 산인가? 산이 아닌가? 산이기도 하고 산이 아니기도 한가? 산이 아니고 산 아닌 것도 아닌가? 이러한 분별의 다양한 양상을 한마디로 사구백비라 한다. 이렇게 무엇인가 설명해 보려 지웠다 썼다 분별하는 사이 눈앞은 어떠한가? 무엇이 있는가? 아니면 없는가? 대혜 스님의 편지 말씀을 경청(敬聽)해 보자.

서장 내용

영가(永嘉) 스님이 말했다.

> "사람도 없고 부처도 없다. 삼천 대천세계는 바다의 물거품이요. 모든 성인과 현인은 번개가 치는 것과 같다."

이 노인이 만약 이런 곳에 도달하지 못했다면 어떻게 이런 말을 할 수 있겠는가? 이 말을 잘못 이해하는 사람들이 매우 많다. 근원을 철저히 통달하지 못하면 말에 의지하여 이해함을 벗어나지 못한다. 곧장 모든 것이 전혀 없다고 말하며 인과도 없다고 하고 모든 부처와 조사가 말씀하신 가르침을 전부 허망하다고 여긴다. 이런 자를 가리켜 속이는 사람이라고 한다. 이 병을 없애지 못하면 아득하고 어두워서 재앙을 불러들일 것이다.

부처님께서 말씀하셨다.

> "허망하게 떠다니는 마음이 쉽게 여러 가지 교묘한 견해를 낸다."

있음에 집착하지 않으면 없음에 집착하고, 있음과 없음 둘에 집착하지 않으면 곧 있음과 없음의 사이에서 사량하고 헤아린다. 설령 이 병을 알아차린다 해도 반드시 있지도 않고 없지도 않은 곳에 머물러 있다. 그러므로 옛 성인이 사구백비(四句百非) 끊어버리고 즉시 단칼에 두 동강을 내어, 다시금 앞뒤 생각하지 말고 온갖 성인의 머리를 끊으라고 입이 아프도록 신신당부했다.

　사구(四句)는 '있음' 과 '없음', '있음도 아니고 없음도 아님', '있음이기도 하고 없음이기도 함' 이다. 만약에 사구를 꿰뚫고 지나가면 일체의 모든 법이 진실로 '있다' 고 말하는 것을 듣고 나 또한 그를 따라 '있다' 고 말하더라도 진실로 '있음' 에 가로막히지 않는다. 일체의 모든 법이 진실도 '없다' 는 말을 듣고 나 역시 그를 따라 '없다' 고 말하더라도 세간이 텅 비어서 아무것도 없는 것이 아니다. 일체의 법이 '있기도 하고 없기도 하다' 는 말을 듣고 나 역시 그를 따라 '있기도 하고 없기도 하다' 고 말하더라도 헛된 말이 아니다. 일체의 모든 법이 '있는 것도 아니고 없는 것도 아니다' 는 말을 듣고 나 역시 그를 따라 있는 것도 아니고 없는 것도 아니라고 말하더라도 서로 어긋나는 것이 아니다.

　유마거사가 말하였다.

　　"외도인 육사(六師)가 떨어진 곳에 그대 또한 따라서 떨어지는 것이 옳다."[80]

---

80) 장제형(張堤刑) 양숙(暘叔)에 대한 답서(27).

다시 보기

깨달음인 승의(勝義)로 갈 수 있는 세속적인 수단을 방편(方便)이라 하고, 세속의 승의라고 한다. 세속적인 논리와 설명을 더하여 깨달음을 얻고자 하지만 그 자체는 승의가 아니다. 오직 세속일 뿐이다. 그러나 세속의 집착을 더하는 세속의 세속은 아니다. 백비와 사구는 세속의 집착을 끊기 위한 세속의 승의의 가르침이다.

백비(百非)는 사구(四句)에 과거·현재·미래의 시간을 적용하여 더욱 세밀하게 분별하는 것을 말한다. 온갖 종류의 분별을 가리키는 말이다. 사물에 대한 세밀한 분별의 논리를 더하여 결국은 어디에도 의지할 바가 없음을 밝히는 것이다. 무분별을 입증하기 위한 분별의 논리적인 노력이다. 무분별이 분별을 통하여 이해는 되겠지만, 이 또한 분별과 무분별의 집착이다. 현상적인 설명은 아무리 정교하지만 설명하는 논리로 구성되어 있다. 본래의 모습은 집착되지 않는 그대로의 모습이다. 그대로의 모습은 도구를 활용하여 설명할 수 없다. 말도 아니며, 그림도 아니고 소리도 아니어서 오관의 논리를 벗어난다. 정교하게 잘 꾸며진 논리일수록 진리에서 멀다. 불필요한 부분이 더욱 첨가되기 때문이다. 백비(百非)에서 천비(千非)로 늘어나더라도 근본은 하나일 뿐 그 자체로 위미가 없다.

근원을 철저히 통달하지 못하고, 백비와 사구의 부정적인 분별에만 의지하면 모든 것이 분별의 결과이기에 어떤 것도 받아들일 수가 없다. 말에 의지하여 이해함을 벗어나지 못한다. 모든 것이 전혀 없다고 말하는 단견(斷見)에 떨어지기도 하고, 인과도 없다고 하고, 모든 부처와 조사가 말씀하신 가르침을 전부 허망하다고 여긴다.

단견(斷見)은 상견(常見)이나 유견(有見)과 상대되는 말이다. 상견(常見)이나 유견(有見)을 버리기 위하여 취할 뿐이지 단견(斷見) 자체가 진리인 것은 아니다. 인과는 선인선과(善因善果)와 악인악과(惡因惡果) 같은 윤리적인 부분에서 시작하여, 세상의 일과 마음의 일을 설명하는 불교의 중요한 교의가 된다. 그래서 백장 스님은 "인과에 어둡지 않다."고 했다. 인과에 밝아서 있고 없고에 떨어지지 말라는 가르침이다. 모든 부처와 조사가 말씀하신 가르침도 마찬가지이다.

깨달음인 승의로 갈 수 있는 세속적인 수단을 방편이라 하고, 세속의 승의라고 한다. 세속적인 논리와 설명을 더하여 깨달음을 얻고자 하지만 그 자체가 승의는 아니다. 오직 세속일 뿐이다. 그러나 세속의 집착을 더하는 세속의 세속은 아니다. 백비와 사구는 세속의 집착을 끊기 위한 세속의 승의의 가르침이다.

꿈과 꿈 아님은 같다

들어가며

　지금 이 순간, 선공부 길에서 들었던 동정일여, 몽중일여, 오매일여라는 말이 떠오른다. 어떻게 하면 움직임과 고요가 같을 수 있겠는가? 꿈 아님이나 꿈이 하나일 수 있는 것인가? 또 깨어 있을 때와 자고 있을 때가 한결같을 수 있는 경지는 어떠한 일이겠는가? 각각의 개념의 말을 좇아가면 여러 갈래의 이해가 생겨난다. 선의 방편으로 주의를 돌려보자. 예를 들어 말을 좇아가지 말고, 뜻을 좇아가지 말고 지금 여기서 '몽중일여', '오매일여' 하고 떠올려 보자. 바로 이때, 이 당처(當處)에 어떤 일이 일어났는가? 혹시 말은 달라져도 변하지 않는 하나의 눈앞 경계가 자각되지는 않았는지? 이 하나에 눈을 떠서 모든 것이 일여한 현실 속에 살고 싶지는 않은가? 대혜 스님의 편지 말씀을 경청(敬聽)해 보자.

서장 내용

사리불이 수보리에게 물었다.

　"꿈속에 육바라밀(六波羅蜜)을 말하는 것이 깨어 있을 때와 같습니
까, 다릅니까?"

수보리가 말했다.

　"이 뜻은 매우 깊어서 저는 말할 수 없습니다. 이 모임에 미륵보살이
계시니 당신은 그에게 가서 물어보십시오."

설두(雪竇)가 말했다.

　"그때 만약 내버려 두지 않고 뒤이어서 한 대 때려주고 '누가 미륵
이라고 일컫고, 누가 미륵인가?' 하고 물었더라면 곧 얼음이 녹고 기
와가 부서지는 것을 볼 수 있었을 것인데."81)

　지극한 사람에게는 "꿈이 없다."라는 말에서 '없다' 라는 말은
'있다, 없다' 라고 할 때 '없다' 가 아니라 꿈과 꿈 아님이 동일하다
는 뜻이다. 이렇게 보면 부처님이 황금 북을 꿈꾼 것과 공자(孔子)

---

81) 증시랑(曾侍郞) 천유(天游)에 대한 답서(6-5).

가 두 기둥 사이에서 제물(祭物) 올리는 꿈을 꾼 것이 역시 꿈과 꿈 아닌 것으로 이해해서는 안 된다. 도리어 세간을 살펴보면 오히려 꿈속의 일과 같다. 경전 가운데 본래 분명한 글이 있다.

"오직 꿈일 뿐이니 전적으로 망상이다. 그러나 중생은 거꾸로 뒤바뀌어 매일 대하는 눈앞의 경계를 진실이라 여긴다. 이 모든 것이 꿈인 줄 전혀 알지 못한다."

그 가운데 다시 허망한 분별을 일으켜 헤아리는 마음으로 생각에 얽매인 의식(意識)이 어지럽게 오가는 것을 참된 꿈으로 여기고 있으니, 이것은 바로 꿈속에서 꿈을 말하는 것이며 거꾸로 된 가운데 다시 거꾸로 된 것임을 전혀 모르는 짓거리다. 그러므로 부처님은 큰 자비로 하나하나의 경계 속에서 몽자재법문(夢自在法問)을 갖고 헤아릴 수 없이 많은 중생을 깨닫게 하셨다.

꿈과 꿈 아님이 모두 환상임을 깨닫도록 한다면, 모든 꿈이 곧 진실이며 모든 진실이 곧 꿈이어서 취할 수도 없고 버릴 수도 없다. 지인(至人)에게는 꿈이 없다는 뜻은 이와 같다.[82]

---

82) 향시랑(向侍郞) 백공(佰恭)에 대한 답서(46).

다시 보기

유식 논서에는 논쟁의 대상으로 꿈과 관련한 일이 많이 등장한다. 꿈이 생시하고 같은가 다른가? 유식에서는 같다고밖에 할 수 없다. 꿈도 의식의 일종이기 때문이다. 그러나 현실의 입장에서는 꿈속은 현재 일은 아니라고 비판한다. 대혜 선사의 경우는 꿈과 생시가 같은가 다른가의 문제가 아니고, 꿈을 꾸는 놈은 누구이고, 그 꿈을 말하는 놈이 누구이고, 그 꿈을 헤아리는 놈은 누구냐, 그 주인공이 누구냐는 등 오히려 그 꿈을 자기 자신의 문제로 가지고 와서 깊이 있게 설명한다.

꿈을 꾸었는데 "이게 꿈입니까, 생시입니까?"라고 질문을 하니까, 대답하기를 "그 꿈이 생시냐 아니냐가 중요한 게 아니고 그 꿈을 꾸는 너는 누구냐."고 오히려 역설적으로 자신을 되돌아보라 한다. 그러면 자신을 알게 되고 꿈과 현실이 역력하게 구분할 수 있는 능력이 생길 것이다. 그런데 뒤에 대혜 스님은 화두 공부를 할 때 꿈에서 하는 것처럼 현실에서 하고, 현실에서 하는 것처럼 꿈에서도 하라고 한다. 꿈과 현실이 하나가 되도록 하라고 했다. 놓치지 않고 지속적으로 하라는 뜻으로 받아들여야 될 것이다.

한 소식을 하기 위한 전 단계로서 꿈속에서도 화두가 들려지면 곧 소식이 온다고 잘못 알고 있는 사람이 많다. 꿈속까지 화두를 들고 갔으면 그것은 수행자로서 잘한 것이라고 오해를 해버린 것 같다. 지금 대혜 스님은 그 정도로 열심히 하라는 이야기다. 이 말은 그렇게 하는 것도 억지로 하는 것이고 집착이니까 오히려 그렇게 하는 놈이 누군가 하고 다시 살펴봐야 될 일이지 그것 자체가 중요한 건 아니라는 말이다.

대혜 스님이 첫 번째 깨달음을 얻고서야 말했다. "가슴에 걸려 있던 것이 없어지고서야 비로소 꿈꿀 때가 바로 깨어있는 때이며, 깨어있는 때가 바로 꿈꾸는 때라는 것을 알았다." 꿈꿀 때와 깨어 있는 때를 아는 것이 중요한 것이 아니라 가슴에 걸려있는 것을 먼저 덜어내는 일이 중요하다는 것이다. 수행의 진척 중에 일어나는 몸과 마음의 작은 일들에 헛되이 집착하는 것도 병통 중에 하나이다. 가다 보면 산도 만나고 강도 만난다. 산도 강도 다 지나가는 것들이다.

빛이 산만하면 그림자가 여럿이다. 그중에 어떤 것이 진짜인지 알 수 없다. 모두가 그림자이기에 진짜는 없다. 그냥 빛의 그림일 뿐이다.

禪

III
선공부의 실천

번뇌를 끊는 수행은 예삿일이 아닌 것이니

화두를 굳게 잡고 힘껏 애써야 함이라

한 번 찬 기운이 뼛속까지 사무치지 않았다면

어찌 코를 찌르는 매화 향기를 얻을 수 있겠는가

塵勞逈脫事非常

緊把繩頭做一場

不是一番寒徹骨

爭得梅花撲鼻香

「황벽희운(黃蘗希運) 선사」

고행은 헛됨과 망령의 뿌리

들어가며

예나 지금이나 불교 공부의 근간은 석가모니 부처님이다. 싯다르타 시절, 선정 위주의 수행이나 고행 위주의 수행을 한 경험담은 잘 알려져 있다. 싯다르타는 자신의 경험 속에서 두 길이 모두 잘못되었음을 알고, 내려놓음으로써 깨달음을 성취하였다는 사실은 선공부 여정에 너무나 중요한 시사점을 준다. '내려놓아라' 라는 화두공안이 있듯이 우리들 실상의 진실을 깨달은 분들은 한결같이 그 어디에도 사로잡히지 말라고 당부한다. '그 어디에도' 라는 말에는 지금 이렇게 선공부 이야기를 지어가고 있는 이 일에도 통용되는 말이다. 이렇게 철저하게 돌아보고 내려놓을 때, 거기 좋은 소식이 있음을 옛 어른들이 이곳저곳에서 전해주고 계시지 않던가? 대혜 스님의 편지 말씀을 경청(敬聽)해 보자.

서장 내용

위부(魏府)의 노화엄(老華嚴)이 말했다.

"불법은 매일 생활하는 곳과 가고 머물고 앉고 눕는 곳과 차 마시고
밥 먹는 것과 이야기하고 묻는 것과 행동하고 행위하는 곳에 있다. 마
음을 일으키고 생각을 움직이면 도리어 옳지 않다."

이 일을 만약 털끝만큼이라도 애써 노력하여 증명하려고 한다
면 마치 사람이 손으로 허공을 붙잡아 어루만지려는 것과 같아서
스스로 더욱 피로할 뿐이다.[83]

옛날에 바수반두(婆修般頭)가 늘 한 끼만 먹고 눕지 않은 채 여
섯 차례 예불을 하고, 깨끗하고 욕심이 없어서 대중들의 귀의(歸
依)를 받았다. 20대 조사 사야다가 그를 제도하고자 그를 따르는
무리에게 질문했다.

"이렇게 두타행(頭陀行)을 실천하고 범행(梵行)을 잘 닦아서 불도를
얻을 수 있겠는가?"

그 무리가 말했다.

---

83) 진소경(陣少卿) 계임(季任)에 대한 답서(18-2).

164

"우리 스승님의 정진이 이와 같은데 무슨 까닭에 얻지 못하겠습니까?"

사야다 존자가 말했다.

"너희 스승은 도(道)와는 멀리 떨어져 있다. 설사 고행을 무수한 세월 동안 행하더라도 모두가 헛되고 망령의 뿌리가 될 뿐이다."

사야다 존자가 말했다.

"나는 도를 찾지 않지만 또한 망상 속에 있지 않다. 나는 부처를 예경하지 않지만 업신여기지도 않는다. 나는 눕지 않고 늘 앉아 있지 않지만 게으르지 않다. 나는 하루에 한 끼 먹는 것은 아니지만 이것저것 마구 먹지 않는다. 나는 족함을 알지 못하지만 탐욕스럽지 않다. 마음에 바라는 바가 없음을 일컬어 도(道)라고 한다."

바수반두는 이 말을 듣고 무루지(無漏智)를 일으키니, 이른바 "먼저 선정으로써 움직이고 그다음에 지혜로써 뽑아낸다."고 하는 것이다. 바수반두는 처음에는 장좌불와(長坐不臥)하면 성불할 수 있다고 오해했다가, 사야다 존자의 지적을 받자마자 곧장 돌아갈 곳을 알아차리고 무루지를 내었다. 과연 좋은 말은 채찍의 그림자만 보고도 달리는 것과 같다.[84]

---

84) 유통판(劉通判) 언충(彦沖)에 대한 답서(23).

다시 보기

황벽 스님이 말했다.

> "깨달음은 마음에 있고, 육도만행과는 관계가 없다. 육도만행은 모두 방편문에서 중생을 교화 제도하는 쪽의 일이다."

깨달음을 얻는 일은 마음밖에 없다. 마음이 부처이기 때문이다. 부처의 마음은 있는 바가 없다. 마음에 바라는 바가 없음을 일컬어 도(道)라고 한다. 마음으로 의도하지 않는 것이 도이다. 그래서 열심히 범행과 고행을 해도 도와 가까운 게 아니라고 선사들은 말한다. '착하게 되려고 착한 일 하면 착한 사람 아니다'는 말이다. 착한 사람이 되려고 노력하는 사람이 아니라 그런 의도가 없이 그냥 그렇게 착하게 살 수밖에 없는 마음을 가진 사람이 착한 사람이다. 그래서 상(相)에 머물지 않는 무주상(無住相)의 바라밀행을 권한다. 착해지려고 노력해서 착한 일을 만들어내는 사람들에게는 의도적이고 자의적인 집착이 있다. 겸손도 지나치면 아부가 되고, 친절도 지나치면 불편을 준다. 겸손과 친절보다는 오히려 상대방을 배려하는 순수한 마음이 더욱 잘 와닿는다. 그러한 행위가 나쁘지는 않지만 도는 그런 의도와 떨어져 있다.

그냥 하나가 돼야 한다. 계합(契合)되어야 한다. 딱 붙어가지고 도와 생활이 하나가 돼 버려야 한다. 둘로 나누어지는 순간 진정한 도는 아니다. 마음에 바라는 바가 없어야 한다. 의도된 것은 도와는 거리가 멀다. 눕지 않고 오래 앉아있는 것[長座不臥]은 결연한 수행 의지의 표현이지만 의도된 행위라고 할 수 있다. 필요하면 안 할 것은 없지만 반드시 이것이 필요하다는 뜻이 아니다. 눕지 않는 것에 도가 있지 않기 때문이다. 앉는 것도 마찬가지, 서고 걷는 것도 마찬가지이다.

하택신회(菏澤 神會)가 말했다.

> "그대가 만약 마음을 머물게 하여 고요함을 살펴보고,
> 마음을 들어 밖으로 비추어 보고,
> 마음을 모아서 정(定)에 든다면,
> 이와 같은 것들은 모두가 조작하는 것이다."

지금 마음을 닦고 있는 이 사람을 떠나서 이 사람을 다시 찾을 수가 없다. 지금 마음을 닦고 있는 사람이 어떻게 마음을 또 닦을 수 있는가? 지금 수행에 머물고 있는데 어떻게 깨달음을 얻을 수가 있을까? 수행하려고 하는 조작의 마음을 내려놓아야 한다. 하물며 몸과 마음을 고달프게 하는 고행은 지치고 힘들게 할 뿐이고, 무겁기만 하다.

마음이 머무는 바가 없고[無住], 원하는 바가 없고[無願], 행하는 바가 없어야 한다.[無行] 그래서 마음 또한 없어야 한다.[無心]

시끄러움에서 힘을 얻어라

들어가며

우리들이 분별의 시끄러움 속에서 힘을 얻는 방법은 무엇일까? 옛 선사의 일화를 떠올려본다. 어느 날 제자와 스승이 문답을 한다. 매우 춥거나 너무 더우면 이를 어떻게 피해야 합니까? 춥지 않고 덥지 않은 곳으로 가면 된다. 그런 곳이 어디 있습니까? 추울 땐 그대를 춥게 하고, 더울 땐 그대를 덥게 하는 곳이다.

지금 여기 다시 우리 공부 자리에서 묻는다. 분별이 치성해서 시끄러울 때는 어떻게 해야 합니까? 분별이 치성해서 시끄러운 바로 이곳! 이 당처(當處)로 돌아와 보면 어떠한가? 대혜 스님의 편지 말씀을 경청(敬聽)해 보자.

서장 내용

고요한 곳에 마음을 두는 까닭은 시끄러움 속에서 활용하고자 하기 때문이다. 만약 시끄러움 속에서 힘을 얻지 못한다면 도리어 고요함 속에서 공부하지 않은 것과 같다. 고요한 곳을 옳다고 여기고 시끄러운 곳을 그르다고 여긴다면 이는 세간의 모습[世間相]을 부수고 실상(實相)을 구하는 것이다. 또한 생김과 사라짐[生滅]을 떠나 생김도 없고 사라짐도 없음[寂滅]을 따로 구하는 것이다. 고요함을 좋아하고 시끄러움을 싫어할 바로 그때 힘을 쓰기 딱좋다. 문득 시끄러움 속에서 고요한 때의 소식을 만나 뒤집어지면, 그 힘이 대나무 의자와 방석 위에 앉을 때보다 천억 배나 뛰어날 것이다. 만약 시끄러운 때 싫어하는 생각을 내면 이것은 스스로 마음을 어지럽히는 것이다.[85]

참된 적멸을 실현하려면 반드시 활활 타오르는 생멸(生滅) 속에서 문득 한번 뛰쳐나와야 한다. 그래야 털끝 하나 움직이지 않고 긴 강을 건너 곧장 제호(醍醐)를 만들고, 대지를 황금으로 바꾼다. 때에 따라 놓고 붙잡고 죽이고 살림이 자유로워 자기와 남을 이롭게 하는데 베풀지 못할 일이 없을 것이다.[86]

---

85) 증시랑(曾侍郎) 천유(天游)에 대한 답서(5-4).
86) 부추밀(富樞密) 계신(季申)에 대한 답서(14-2).

그래서 시끄러운 곳에서 한 번 "개에게는 불성이 없다."는 화두를 살펴보되 아직 깨달았느냐 깨닫지 못했느냐는 말하지 말라. 가슴이 어수선할 바로 그때 느긋하게 스스로에게 일깨워주고 말해주어라. 고요함을 느끼는가? 힘을 얻음을 느끼는가? 만약 힘을 얻음을 느낀다면 즉시 놓지 말아야 한다.[87]

만약 마음을 잊어버리거나 마음을 꽉 붙잡고 있기만 하고 분별심이 부서지지 않으면 오온의 마(魔)가 그 틈새를 파고들어 허공을 붙잡아 양쪽으로 갈라놓게 된다. 그리하여 고요한 때에는 한없이 즐겁다가도 시끄러운 때에는 한없이 괴롭게 된다.[88]

고요함과 시끄러움에서 한결같고자 한다면 다만 조주의 "없다."를 뚫고 나아가라. 문득 뚫고 나가면 비로소 고요함과 시끄러움이 방해하지 않는다는 것을 알게 될 것이다. 또 힘들여 지탱할 필요도 없으며 지탱할 것이 없다는 생각도 하지 않을 것이다.[89]

다시 보기

시끄러움이 있는 세속이 공부하기 좋은 곳이다. 조용한 데 앉아

---

87) 부추밀(富樞密) 계신(季申)에 대한 답서(15-3).
88) 유통판(劉通判) 언충(彦冲)에 대한 답서(23-1).
89) 유통판(劉通判) 언충(彦冲)에 대한 답서(23-2).

서 혼자 통하는 그런 도는 없다. 방편으로 말했을 뿐, 조용하게 있어봐야 힘든 일을 당하면 다 깨져버린다. 누가 칼을 들고 들어오면 어떡할 것인가. 그러니까 시끄러울 때 더 정진하면 그 결과가 배가(倍加)된다. 시끄러울 때 화두 참선을 하라는 것은 내 마음이나 기억 속에 뭔가 시끄러운 대상을 만났을 때, 그 부분을 화두로 전환시켜 더 이상 그것이 발동하지 않도록 하는 것이다. 이는 기존 종자(種子)를 새로운 종자로 전환시키는 것이다. 화두에는 그런 시끄러움을 진정시키는 작용이 있다. 왜냐하면 화두는 언제 어디서나 쉽게 마음을 화두에 집중할 수 있고, 시끄러운 생각 대신 안정한 마음을 지속하는 작용이 있기 때문이다.

사람들이 간화선이 어렵다고 하는 이유는 화두라는 의심을 짊어지고 골방에 들어앉아 고민하고 그것을 두드려 깨고 나와야 한다는 인식 때문이 아닐까 한다. 대혜 스님이 말하는 간화선은 그런 게 아니다. 그냥 시끄러울 때, 마음이 불편할 때 화두에 마음을 집중하면 그 시끄러움이 사라진다고 한다. 마음이 두 개로 나눠지지 않고 하나로 가니까 그렇다. 마음은 하나의 종자가 하나의 인식을 만들어 낸다. 하나의 종자가 여러 인식을 만들 수 없다. 시끄러울 때 집중할 수 있는 무기는 화두다. 마음을 화두에 집중하면 시끄러운 마음이 녹아 없어진다. 단순히 그 순간만 없어지는 것이 아니다. 그런 상황에 처할 때마다 반복해서 하다 보면 결국 우리 마음속에 잘못 훈습(薰習)되어 있는 아뢰야식에 격발(擊發)이 일어나는 순간〔種子生現行〕 화두로 대치하면서 종자가 발현하는 것을 차단하고, 지속적으로 노력하면 새로운 종자로 변환하여〔種子生

種子) 시끄러운 부분을 영원히 떠날 수 있을 것이다.

우리가 인식을 한다고 할 때 그 인식의 주관을 견분(見分)이라 하고, 바깥에 있는 인식의 대상을 상분(相分)이라고 한다. 조금 더 들어가면 견분과 상분의 근본인 제8 아뢰야식을 만나게 된다. 사분설(四分說)에서는 이것을 자증분(自證分)이라고 한다. 자증분이 아뢰야식이고 그 업력에 따라서 대상을 보게 되면 각자가 자기 업력에 맞는 견분과 상분으로 이분화 되어 대상을 인식한다. 그런데 지금 시끄럽다는 이야기는 어떤 대상을 만나거나 어떤 기억을 떠올리거나, 어떤 생각을 하거나 어떤 상황에 몰려서 마음이 안정되지 못할 때 일어나는 마음의 근원은 결국 아뢰야식이다.

그래서 우리 생각이 아니고 견상분이 나누어지기 이전에 자증분으로서의 아뢰야식, 우리가 쉽게 알 수 없는 불가지(不可知)한 마음속의 움직임, 그 밑에 지금 화두를 놓으라는 이야기다. 돌로 풀을 덮는다는 것은 쉽게 말하면 견분을 덮는 것, 인식 주관을 덮는 것, 우리 생각을 덮는 것인데 잠시 고요해지는 것이다. 그 밑에 인식의 근본이 되는 아뢰야식에 화두를 놓고, 아래에서 일어나는 그 미세한 그 마음의 움직임 대신에 화두에 몰입하다 보면 시끄러울 때라도 그 시끄러운 마음이 일어나지 않는다. 그것이 화두의 효험이다. 화두로 분별이 끊어져야 진짜 고요함이다. 의심 없이 그냥 고요함 속에 빠져 있는 것은 돌로 풀을 누르는 것과 다름없다. 중요한 것은 좀 힘이 느껴질 때이다. 마음의 체험이 시작되는 접점이기 때문이다. 이 느낌을 살려서 바짝 해야 된다.

긴장해도 안 되고 늘어져도 안 된다

들어가며

불교적 안목은 모든 일을 대하는 데 있어서 출세간과 세간, 이처럼 둘로 나누지 않는다. 이 눈으로 긴장해서도 안 되고 늘어져도 안 된다는 의미에 통해 보자. 혹시 이때 긴장하거나 혹은 늘어지는 어느 하나를 취하지 말라는 또 하나의 견해에 사로잡히지는 않았는지? 미묘한 본래면목 자리를 가리키려니 이 말 저 말 모두가 알맞지 않다. 손잡이 없는 닫힌 문을 열게 하는 문고리를 달아주려는 자비방편의 언어이다. 이렇게 해도 우리는 지금 이 말을 인연하자마자 바로 틈도 없이 금방 개념적 이해로 떨어져 버린다. 설상가상이다. 자기의 본래면목을 공부하는 일이니, 각자 자기가 당면한 바로 지금, 자기의 발밑을 자꾸 볼 일이다. 우리 어떠한가? 대혜 스님의 편지 말씀을 경청(敬聽)해 보자.

서장 내용

거문고 줄이 너무 팽팽하면 끊어지고 너무 느슨하면 제대로 된 소리가 나지 않는다. 줄을 알맞게 조율할 때 아름다운 소리가 나듯이 도를 닦는 것도 이와 같이 해야 한다. 자유롭되 너무 긴장해서도 안 되고 너무 늘어져서도 안 된다.[90]

시험 삼아 이와 같이 공부해 보라. 깨닫고 깨닫지 못하고는 상관하지 말라. 마음에서 욕심과 조급함을 쉬어야 하지만, 또 느슨하게 놓아줘도 안 된다. 마치 거문고의 줄을 조율하는 것과 같아서 느슨함과 긴장이 적당하면 곡조는 저절로 이루어진다.[91]

첫째 명심해야 할 것은 마음을 일으키고 생각을 움직여서 속으로 욕심을 내고 조급해하며 급하게 깨달음을 찾아서는 안 된다는 것이다. 이런 생각을 하자마자 바로 이 생각이 길목을 꽉 틀어막아서 영원히 깨달을 수 없게 된다.

승찬(僧璨) 조사께서 말씀하셨다.

"붙잡고서 정도가 지나치면 반드시 삿된 길로 가고, 자연스럽게 놔

---

90) 증종승(曾宗丞) 천은(天隱)에 대한 답서(40).
91) 임판원(林判院) 소첨(少瞻)에 대한 답서(48).

두면 본바탕에는 가고 머무는 것이 없다."

그래서 평소에 애쓰는 것을 용납하지 않는다. "힘을 얻는 것이 곧 힘을 더는 것이고, 힘을 더는 것이 곧 힘을 얻는 것이다." 뭔가 바라는 마음을 내어 깨달음에 들어간다면 자기 집 안에 앉아서 남에게 물어서 자기 집을 찾는 것과 같다. 다만 삶과 죽음이라는 두 글자를 콧마루 위에 놓고 잊지 말고 순간순간 화두를 일깨워라. 일깨우고 일깨우다 보면 낯선 곳은 저절로 익숙해지고 익숙한 것은 저절로 낯설어진다.[92]

공부가 충분히 익으면 자연히 신경 써서 보호할 필요가 없다. 공부는 급하게 해서는 안 된다. 급하게 하려고 하면 조급하게 서두르게 된다. 늦춰서도 안 된다. 늦추면 어두워서 걱정하게 된다. 비교하면 칼을 허공에 휘둘러 던져 허공에 칼날이 닿는지 닿지 않는지를 따지지 않는 것과 같다.[93]

일대사인연을 철저히 밝히고 싶다고 해서 조급하게 서둘러서는 안 된다. 오히려 늦어진다. 또 느슨하게 늦추어도 안 된다. 늦추면 게으름에 떨어진다.[94]

---

92) 황지현(黃知縣) 자여(子餘)에 대한 답서(49).
93) 루추밀(樓樞密) 중훈(仲暈)에 대한 답서(55-2).
94) 영시랑(榮侍郎) 무실(茂實)에 대한 답서(57-1).

다시 보기

세속에서 아무리 큰 출세를 해도 이 선문의 깨달음과는 비교할수가 없다. 세속의 출세는 눈앞에 보이는 바가 있어서 왔다 갔다하지만 선문에서의 마음의 깨달음은 항상심(恒常心)으로 안정과지혜를 얻는다. 평상심으로 화두만 계속 지니고 있다 보면 저절로그냥 눈 녹듯이 답답함이 사라지는 경계가 나타난다. 그렇다고 가만히 기다리기만 해서도 안 된다. 시끄러울 때에 마음의 힘이 줄어드는 방향으로 계속 집중해서 나가긴 나아가되 거기에 마음을 두지는 말아야 한다. 달마선에는 무수지수(無修之修)라는 말이 있다. 무엇인가를 하려고 하지 않는 수행을 말한다. 의도적으로 하려고 하면 도와 거리가 멀어진다. 마음이 긴장해도 안 되고 느슨해서도 안 된다. 과연 어디에 마음을 두라는 뜻인가?

태고보우(太古普愚)의 하주(何住), 즉 어디에 머무를 것인가?라는 시가 있다.

"양 끝 어디에도 머물 자리가 아닌데, 어찌 중도엔들 머물겠는가. 물이면 물, 산이면 산, 마음대로 쥐고 펴면서, 저 물결 위 흰 갈매기의 한 가로움을 보고 웃는다."

"二邊具不住, 中道亦何安. 水水山山任舒卷, 笑他波上白鷗閑."

이 말은 이변(二邊)이 없는데 중도가 어디 있느냐?, 즉 중도(中

道)도 머물 곳이 아니라는 것이다. 산은 산대로 물은 물대로 부서졌다가 무너졌다가 변화하는데 파도 위에 흰 갈매기만 한가하게 '웃는다' 또는 '웃긴다'는 표현을 쓴다. 소(笑) 자는 '웃음, 웃다, 비웃다'라는 뜻이나 여기서는 '웃긴다'는 뉘앙스가 강하게 느껴진다. 우리는 이변(二邊), 즉 생사나, 시끄럽고 조용한 곳이나 이런 것을 떠나서 중도로 살아야 된다는 얘기인데 그럼 중도가 어디 있느냐는 것이다. 이변도 없는데 치우치지 않는 그 중도가 있을 데가 어디 있느냐는 것이다.

자연은 산은 산대로 저절로 생겼다가 없어졌다 하고, 물은 물대로 이리 갔다 저리 갔다, 찼다가 말랐다가, 강이 없어졌다가 생겼다가 저절로 이루어진다. 그런데 인간보다 지혜가 부족하다는 갈매기는 파도가 부서지고 흩어지고 하는 그 아슬아슬한 상황에서 파도를 타면서 살랑살랑 아주 한가하게 조용히 그냥 잘 즐기고 있다. 이런 상황을 소(笑) 자를 써서 '웃는다, 웃긴다'고 했다.

선종의 입장에서는 양극단이 있으니 중도가 있다는 식의 논리적 구조를 설명하는 게 아니고, 양극단을 버리라고 한다. 중도를 가라는 말인데 실질적으로 삶의 현장에서는 어떻게 중도로 사느냐는 참으로 아리송하다. 유(有)에도 빠지지 말고 무(無)에도 빠지지 말고 하루하루 일상을 살아가기는 참으로 어렵다. 말을 해도 안 되고, 말을 하지 않아도 안 된다. 중(中)으로 사는 것도 결국은 양변이 없다면 논리적으로 사는 것이지, 삶으로 사는 건 아니라는 이야기다. 그럼 실제로 삶을 사는 대상이 누구이며, 삶을 잘 살고 있는 사람이 누구냐고 묻는다면 저 갈매기를 보라고 한다. 우리의 눈으로, 논리적으로 보면 저 갈매기는 파도가 부서지는 상당히 위급하고 험한 상황에서도 아슬아슬하게 아주 한가롭게 노닐며 잘 살고 있다면 이게 '웃긴다'는 것이다. 결국 삶의 현장은 오히려 흰 갈매기처럼 한가롭게 머무는 그 지혜가 더 필요한 것이 아니겠는가. 이것이 바로 양변을 떠난 진정한 중도가 아니겠는가. 이렇게 보면 선이 직지인심(直指人心) 견성성불(見性成佛)을 얘기하지만 사실은 삶의 문제에 더 충실하려고 한다. 도인들도 그렇다.

생소함을 익숙하게, 익숙함을 생소하게

들어가며

원래 우리들의 있는 그대로의 모습, 그 풍광은 예부터 지금까지 한 번도 변함없이 여기 이렇게 스스로 이러함이다. 여기에 생각의 파도 하나 일어나는 순간, 그러하고 이러함이 분리되어 만상의 경계로 드러난다. 12연기는 우리들의 이런 생각의 메커니즘을 잘 설명하고 있다. 생로병사의 근원은 다름 아닌 무명이다. 진실에 어두운 그 무명에서 우리가 태어나고 늙고 병들고 죽는다. 참으로 생소하고 낯선 소식이지 않은가? 당연하게 생각하는 생로병사는 아주 낯선 곳에서 낯선 방식으로 뒤집어진다. 선사들에 의하면 그냥 우리들 일상생활 속 매 순간 순간에 이 좋은 소식이 있다 하지 않던가? 지금 이때 우리 어떠한가? 대혜 스님의 편지 말씀을 경청(敬聽)해 보자.

서장 내용

낯선 곳은 익숙하게 하고 익숙한 곳은 낯설게 하는 일이 바로
이것이다. 일상생활에서 공부하며 손잡이를 쥐고 점차 힘이 덜어
짐을 느낄 때가 곧 힘을 얻는 곳이다.[95]

깊은 것은 얕게 하고 얕은 것은 깊게 하며 낯선 것은 익숙하게
하고 익숙한 것은 낯설게 하여라.[96]

일상생활 속에서 쭉 살펴보면 생소하던 것이 익숙해지고 익숙
하던 게 생소해진다. 무엇이 익숙한 것인가? 5온(縕)과 6근(根)과
12처(處)와 18계(界)와 25유(有) 위에서 어리석게 업을 짓는 분별
의식으로 사량하고 헤아리는 마음이 밤낮으로 타올라 아지랑이가
잠시 틈도 없이 피어오르듯 하는 것이 익숙한 것이다. 이 한 가닥
엉킨 일들이 사람을 삶과 죽음으로 끌고 간다. 이런 엉킨 일들이
점점 생소해졌다면 보리열반과 진여불성이 곧 그대 앞에 나타난
다. 깨달아 진리에 들어맞자마자 곧 말이 터진다.[97]

일상생활의 여러 행동 속에서 막힘이 없게 하며 고요한 것과 시
끄러운 곳에서 늘 "똥 닦는 막대기"를 자신에게 일깨워라. 날이 가

---

95) 증시랑(曾侍郎) 천유(天游)에 대한 답서(7-6).
96) 조대제(趙待制) 도부(道夫)에 대한 답서(19).
97) 영시랑(榮侍郎) 무실(茂實)에 대한 답서(57-1).

고 달이 가면 저절로 익숙해질 것이다.[98]

　24시간 속에서 수월함을 느낄 것이다. 수월함을 느낄 때 공부를 느슨하게 놓지 마라. 또 버티고 버텨서 수월한 곳에 친숙해지면 때를 알지도 못하고 꼬치꼬치 따지지도 않을 것이다. 다만 "없다."는 이 한마디를 살펴보되 공부가 되는지 안 되는지는 상관하지 마라.[99]

　일상생활의 잡다한 번뇌 속에서 점차 수월해지는 것을 조금이라도 느낄 때가 바로 본인이 힘을 얻는 지점이다. 바로 본인이 부처가 되고 조사가 되는 곳이며, 지옥을 바꾸어 천당으로 만드는 곳이다. 바로 본인이 편안히 앉는 곳이며, 본인이 삶과 죽음에서 벗어나는 곳이다. 본인이 요순임금보다 위에 있는 곳이며, 본인이 도탄에 빠진 백성을 일으켜 세우는 곳이다. 또한 본인이 자손에게 음덕을 주는 곳이다. 처음과 끝이 한결같아 변함없으면 아직 철저하게 자기의 본지풍광을 깨닫지는 못하고 자기의 본래 면목을 밝게 보지 못한다 할지라도 낯선 곳이 익숙해지고 익숙한 곳은 낯설어질 것이다. 수월한 곳을 느끼기만 하면 바로 힘을 얻는 곳이다.[100]

98) 여랑중(呂郎中) 융례(隆禮)에 대한 답서(33).
99) 왕내한(汪內翰) 언장(彦章)에 대한 답서(28-1).
100) 장제형(張堤刑) 양숙(暘叔)에 대한 답서(27).

다시 보기

생처방교숙(生處放教熟), 숙처방교생(熟處放教生)을 줄이면 생이숙(生而熟), 숙이생(熟而生)이다. 생소한 것은 익숙하게 하고, 익숙한 것은 생소하게 하라는 것이다. 일대사인연을 해결하려는 사람은 자기가 살아온 방식과 다르게 살아야 된다. 눈앞에 있는 세상에 대한 집착을 버리고, 이를 가유(假有)와 환(幻)으로 봐야 한다. 익숙한 것은 중생이 경계에 얽매여 분별하는 망상이고, 낯선 것은 깨달음과 해탈이다.

자기의 업력 종자로 인해 훈습된 마음이 허락하는 대로 세상을 살아가는 것은 익숙한 것이다. 여기서 25유(有)는 존재를 나타내는 것으로, 지옥, 아귀, 축생, 아수라 등의 4악취와 4주, 6욕천, 색계, 무색계 등을 말한다. 반야의 세계로 가려면 그 반대로 살아야 한다. 일상생활 속에 내가 해왔던 대로 인식하고 행동하고 생각하는 익숙한 것을 생소한 방향으로 옮겨가야 한다. 사람들은 생소하다고 느끼면 생소한 쪽으로 잘 가지를 못한다. 생활 패턴을 바꾼다는 게 쉽지 않다. 그동안 해오지 않은 것을 익숙하게 하는 것은 창조적 도전 정신이다. 조용히 머물러 있는 것 같지만 마음속에는 천지가 개벽하고, 세상이 뒤집어지는 충격과 혼란이 벌어진다.

수행을 할 때도 처음에는 외롭고 스산한 고통을 수반하지만 자꾸 익숙해지다 보면 재미있어진다. 이렇게 생이숙 숙이생하는 생활을 하다 보면 안 보이던 게 보이고 또 보이던 게 안 보인다. 생소한 운동도 거듭 연습하다 보면 익숙해진다. 또 처음에는 높고 흔들

리는 다리를 건너가다 보면 겁이 나고 어색하지만 좀 가다 보면 이
것이 재미있어진다. 그다음은 익숙해진다.

수행에서도 꾸준하게 생이숙 숙이생을 지속하다 보면 순간적으
로 반야의 지혜가 열리는 때가 있다. 일상 속에서 생이숙 이숙생을
반복하다 보면 반드시 전환의 시점이 온다. 경계, 즉 분기점이 오
는 그 순간 마음을 확 써버리면 그때 바로 생력(省力) 즉, 힘이 줄
어든다. 마음공부를 통해 먼저 자기 주변부터 정리가 되고, 자기
자신도 변화되어 가다 보면 삶이 새로운 세계로 변화되어 간다.

그렇다고 생이숙 숙이생을 점수(漸修)로 봐선 안 된다. 선에는
점수가 없다. 1층(層)이 있고 2층이 있다고 하면 3층, 4층 가는 사
람은 곧 5층에 갈 것이라고 생각한다. 그러나 그렇지 않다. 깨달음
은 돈오돈수(頓悟頓修)이다. 4층 갔다가 1층으로 내려오는 사람이
있고, 1층에서 바로 5층 가는 사람도 있다. 층은 의미가 없다. 깨달
음은 단계가 없는 문(門)이다.

스스로 일어서라

들어가며

　지금 이 순간, 눈 길 함부로 걷지 말라는 옛 어른의 말씀이 떠오른다. 눈부신 청정의 그 새하얀 밭에 누군가의 발자취가 남으면 인연 있는 누군가는 또 그 길을 좇아가 헤맬 수 있다. 그래서 선공부 길에서는 한마음 밖에 그 무엇이 있는 것이 아니니 그 무엇에도 좇아가지 말고 스스로 자신의 일을 돌이키라고 한다. 이때 거론하는 한마음은 텅 비고 밝은 뚜렷한 일에 붙여진 이름이지 실재하는 대상이 있는 것이 아니다. 실재는 텅 비었다는 말도 사라진 진짜 청정함의 일이다. 이 진짜 청청함은 누가 알 수 있는 일인 것인가? 그누가 있어 지금 여기, 이렇다 저렇다 글 속을 지나고 있는 것인가? 이 하나의 일에 밝아지는 일, 여기 통하는 일, 그 누가 할 수 있는 것이겠는가? 대혜 스님의 편지 말씀을 경청(敬聽)해 보자.

서장 내용

이 하나의 인연은 전할 수도 없고 배울 수도 없음을 믿고서 모름지기 스스로 증명하고 스스로 깨달아 스스로 긍정하고 쉬워져야 비로소 투철(透徹)할 것이다.[101]

이 일에는 분별심으로 이해할 수 있는 것이 아니므로 전해줄 수 없다. 모름지기 스스로 깨달아야만 비로소 나아갈 곳이 있다. 만약 다른 사람의 말을 따라 판단한다면 영원히 쉴 날이 없을 것이다. 날마다 잠자리에서 일어나 이용하는 곳은 둥글둥글 모자람이 없기에 석가나 달마와 조금도 다름이 없다. 그러나 스스로 철저하게 보지 못하고 통하지 못하기 때문에 온몸으로 소리와 세계의 경계 속으로 뛰어 들어가 그 속에서 벗어날 길을 찾지만 더욱 어긋나기만 한다. 이 일은 또한 오래도록 선지식을 찾아다니고 총림을 두루 돌아다닌 이후에야 끝낼 수 있는 그런 일이 아니다.[102]

여실하게 보고 행하고 사용하니, 곧 하나의 털끝에서 부처님의 국토를 드러낼 수 있으며 미세한 털끝 속에 앉아 진리의 큰 바퀴를 굴릴 수 있다. 온갖 법을 성취하고 온갖 법을 파괴하는 것이 모두 나로부터 말미암는다. 마치 힘센 장사가 팔을 펼칠 때 남의 힘을

---

101) 이참정(李參政) 한로(漢老)에 대한 답서(9-1).
102) 허사리(許司理) 수원(壽源)에 대한 답서(20).

빌리지 않고, 사자가 돌아다닐 때 짝을 필요로 하지 않는 것 같다.[103]

털끝만 한 것이라도 있다면 바로 경계(境界)다. 마조 스님은 "말할 수 있어도 그대의 마음이고, 말할 수 없어도 그대의 마음이다."라고 했다. 곧장 깨닫기를 바란다면 부처와 조사를 보는 것을 마치 원수 집안에 태어나는 것같이 보아야 비로소 들어맞을 가능성이 조금은 있을 것이다.[104]

옛날 덕 높은 스님이 말했다.

> "깨달음을 말한다면 남에게 보여줄 수 없고 이치를 설명한다면 깨닫지 않으면 분명하지 않다."

스스로 경험하고 얻으며 스스로 믿고 깨달은 것은 오로지 이미 경험했고, 얻었고, 믿었기에, 깨달은 사람이라야 말없이 서로 들어맞는다. 아직 경험하지 못했고, 얻지 못했고, 믿지 못했고, 깨닫지 못한 사람이라면 스스로를 믿지 못한다. 그뿐만 아니라 남에게 이 같은 경계가 있음 또한 믿지 못한다.[105]

---

103) 장제형(張堤刑) 양숙(暘叔)에 대한 답서(27).
104) 서현모(徐顯摸) 치산(稚山)에 대한 답서(52).
105) 장제형(張堤刑) 양숙(暘叔)에 대한 답서(27).

다시 보기

서암 스님은 매일 스스로에게 "주인공아!" 하고 부르고, 스스로 "예!" 하고 대답했다. 그리고 "깨어 있어라!" "예!" 하고, "훗날 남에게 속지 말라!" "예!"라고 스스로에게 대답하였다. 자신을 주인공으로 삼아 깨어있고, 더 이상 남에게 속지 않는 일이다. 여래선도 그렇고 조사선도 그렇다. 모두가 여래와 조사에 의존하는 것 같지만 여래와 조사도 내 일이 아니다. 여래와 조사는 여래와 조사의 일이다. 남의 일이다.

남의 말을 듣고 행하는 것은 내게는 아무 의미가 없다. 스스로 깨달아야 된다. 자꾸 남의 말을 듣고 좋은 가르침을 받으려고 해서는 안 된다. 스스로 자신의 본성을 찾는 직지인심(直指人心)이 중요하다. 자기 마음을 그대로 꿰뚫어서 마음에서부터 체득하는 공부를 해야 한다. 선지식을 만나 이심전심의 깨달음을 이룰 수 있지만 너무 거기에 집착해서는 안 된다. 자오자각(自悟自覺)의 마음을 가지는 것이 먼저이다.

동산 법연 스님이 말했다.

"석가와 미륵도 오히려 그의 노예이다. 그는 누구인가?"

석가와 미륵이 왜 그렇게 깨달으려고 노력하고, 가르치려고 심사숙고 하였는가? 모두가 나를 위하여 힘쓰는 일들이다. 그는 누

구인가? 그는 바로 나다. 이에 대하여 무문혜개(無門慧開) 스님은
무문관에서 게송으로 말했다.

> "남의 활은 당기지 말고,
> 남의 말도 타지 말고,
> 남의 잘못은 말하지 말고,
> 남의 일은 알려고 하지 마라."

　특히 간화선은 화두가 중요할 뿐 화두가 여래이고 화두가 조사
이다. 그래서 여래도 조사에게도 의지하지 않는다. 다만 화두를 쥐
고 있는 내가 누구인가? 나의 주인공이다.

화두 참구의 효과

들어가며

　우리는 마음공부 길에서 참으로 여러 방편을 만난다. 석가모니 부처님도 그랬고, 여러 고사에 드러나듯 성현들 또한 이러저러한 방편으로 본래 마음자리를 깨달으셨다. 그 방편이 무엇이었든 자신의 인연에 의해 본래 마음을 깨닫는다는 것은 다만 본래의 자기로 돌아오는 일이다. 궁자(窮子)의 비유처럼 그냥 집 나갔던 이가 자기의 집으로 돌아오는 일이다. 그러니 화두 방편으로 본래면목을 만났다면 어떠한 일이 일어나겠는가? 옛 어른들은 졸리면 자고, 배고프면 밥 먹는다 하지 않았던가? 대혜 스님의 편지 말씀을 경청(敬聽)해 보자.

서장 내용

성(城)에 도착한 이후 옷 입고 밥 먹고 손자를 안고 노는 가지가지 일들은 옛날 그대로이나 이미 구속되고 막혀 있는 느낌이 없고 기이하고 특별하다는 생각조차 하지 않는다. 그 나머지 오래된 습관과 장애도 점점 가벼워지고 있다.[106]

이것이 바로 불교공부의 효험이다.[107]

스스로 경험한 것이 셋이다. 첫째, 일을 함에 막히거나 순조롭거나 상관없이 인연 따라 응하되 마음속에 남겨두지 않는다. 둘째, 오래되어 두터운 습기를 버리거나 물리치지 않아도 저절로 가볍고 작아진다. 셋째, 공안이 막막했는데 알고 보니 본래 어두운 것이 아니었다.[108]

인연 따라 비워가서 뜻대로 자유로운가? 가고 머물고 앉고 눕는 행동거지에서 잡다하고 피곤한 번뇌에 굴복하지 않은가? 잠과 깸의 양쪽에서 한결같은가? 이전처럼 생활하는 곳에서 모습을 바꾸지 않았는가? 중생의 분별심을 이어가지 않는가?[109]

---

106) 이참정(李參政) 한로(漢老)가 묻는 편지(8-1).
107) 이참정(李參政) 한로(漢老)에 대한 답서(9-1).
108) 이참정(李參政) 한로(漢老)가 묻는 편지(10-2).
109) 이참정(李參政) 한로(漢老)에 대한 답서(11-2).

고요히 앉을 때 문득 혼침(昏沈)이나 도거(掉擧)의 병이 나타남을 느낀다면 그저 "개에게는 불성이 없다."는 화두를 스스로에게 말해 주어라. 그러면 이 두 가지 병을 애써 물리치지 않아도 그 즉시 가라앉는다. 그렇게 오래오래 하여 수월함을 느끼기만 하면 바로 여기가 힘을 얻는 지점이다.110)

세간의 잡다한 일에 생각을 뺏길 때 애써 배척할 필요가 없다. 다만 생각하는 곳으로부터 화두로 살짝 방향을 돌려라. 그러면 무한한 힘을 덜게 될 것이며 또한 무한한 힘을 얻게 된다.111)

헤어지고 난 다음에 인연을 만나는 곳에서 바깥 경계에 끄달리지 않는가? 쌓여 있는 문서를 보고도 내버려 둘 수 있는가? 사물과 만날 때 사물을 부릴 수 있는가? 고요한 곳에 머물 때 망상하지 않는가? 이 일을 자세히 규명하는 데 잡념은 없는가?112)

다시 보기

화두 수행을 하다 보면 자기도 모르지만 다른 느낌을 갖기 시작한다. 일상생활이 점점 가벼워지고 홀가분해진다. 번잡한 일에 마

---

110) 부추밀(富樞密) 계신(季申)에 대한 답서(15-3).
111) 조대제(趙待制) 도부(道夫)에 대한 답서(19).
112) 루추밀(樓樞密) 중훈(仲暈)에 대한 답서(54-1).

음을 쓰다가 화두를 들면 그런 마음이 사라져 버린다. 수행을 계속하다 보면 비슷한 상황이 와도 번뇌를 일으키는 마음이 사라져 버리는 그런 효용이 있다. 이것은 분명히 업력 종자가 옅어지는 것과 관계가 있다. 이렇게 꾸준히 하다 보면 힘을 덜게 된다. 힘을 덜게 된다는 것은 번뇌의 힘이 줄어들고 지혜의 힘을 얻게 된다는 것을 의미한다. 특히 그동안 막막하기만 했던 화두에 대한 의심과 막힘이 줄어든다. 화두에 대한 생각이 바뀐다. 화두가 익숙해지면 어렵고 난해한 이야기가 아니다. 공기처럼 가볍게 느껴진다. 억지로 화두를 들지 않아도 저절로 화두가 들려 있다.

화두 참구는 어려운 수행법이 아니다. 아주 단순한 대치법(對治法)이다. 부정적인 생각이 일어났을 때 화두를 들면 첫 번째는 나쁜 생각을 치료하는 것이고, 두 번째는 그 생각의 종자를 끊어버리는 것이다. 이렇게 반복하다 보면 더 이상 그런 생각이 일어나지 않게 되고, 이것이 염염불리(念念不離)해지면 왜곡되어 있는 인식과 아뢰야식의 업식(業識)을 근원적으로 해결해 나갈 수 있다.

화두는 의심의 대상이 아니고 방편이다. 화두를 어떻게 활용하느냐는 효용의 문제이기도 하다. 혼침(昏沈)과 도거(掉擧)가 일어나면 화두를 들어 이들을 다스려야 한다. 화두는 일종의 대치약(對治藥)이다. 한두 번 경험한 순간적인 상황에서 화두의 어떤 힘을 스스로 느낄 때가 중요한 지점이 된다.

선공부 하는 사람들이 이럴 때를 두고 꿈틀거린다고 한다. 활연대오(豁然大悟)는 아니지만 뭔가 자기도 모르게 변화가 일어나는 것을 경험한다. 서서히 아뢰야식이 정화가 되고 습(習)이 달라진다. 살아가는 방법도 달라진다. 여기서 꿈과 생각이 소멸하여 자나 깨나 한결같다는 것은 단멸이나 상주를 의미하는 게 아니다. 불교는 불이법(不二法)이므로 꿈과 생각이 '없다'고 해서도 안 되고 자나 깨나 한결같다고 해서 한결같음이 '있다'고 이해해서도 안 된다.

화두는 또 다른 매력이 있다. 하나의 일을 갖고 심사숙고 하다 보면 생각이 서너 번 바뀌는 경험을 한다. 그럴 때 "없다."라고 하는 원점으로 돌아갈 때 어떤 창조성이 나온다. 기존 사고의 틀에 묶여 있을 때 "없다."라고 한번 차단을 함으로써 뭔가 새로운 생각을 하게 된다. 묻혀 있었던 새로움이 생동감 있게 꿈틀거린다.

화두는 이렇게 뚫어라

들어가며

예부터 신심(信心), 분심(憤心), 의심(疑心)의 세 가지 마음이 있어야 화두를 타파(打破)하는 일이 가능하다고 한다. 만약 이 가운데 하나라도 빠지면 마치 다리 부러진 솥과 같아서 소용없는 물건이 된다고 하였다. 그만큼 철저하고 간절하게 하라는 의미의 다른 말이지 않을까? 흔히 천칠백 화두공안이라는 표현을 쓴다. 우리 현실의 공부로 당장 돌이켜 보자. 우리 자신의 본래면목을 밝히는 공부 길에 이러한 천칠백 개 공안이 얼마나 힘을 줄 수 있는 일일 것인가? 우리가 처한 삶의 문제를 투과할 수 있는 일이기는 한 것인가? 다행인 것은 공안이 몇 개이든, 당면한 일이 무엇이든 그 낙처(落處)는 하나라는 사실이다. 아주 기쁜 소식이지 않은가? 여기에 철저해지고 간절해지기만 하면 되는 일 아니겠는가? 대혜 스님의 편지 말씀을 경청(敬聽)해 보자.

서장 내용

1. 무자(無字) 화두

어떤 승려가 조주(趙州)에게 "개에게도 불성이 있습니까?" 하고 묻자, 조주가 "없다."고 하였다. "없다."는 이 한마디는 수많은 잘못된 지식과 깨달음을 물리치는 무기다. 이 "없다."를 "있음과 없음"이라고 이해해서도 안 되고, 도리(道理)로 이해해서도 안 된다. 생각으로 사량하고 헤아려도, 눈썹을 찡그리고 눈을 깜박이는 곳에 빠져도 안 된다. 언어 위에서 살아갈 궁리를 하거나 일 없는 곳으로 달려 들어가서도 안 된다. 말을 꺼내는 곳에서 바로 받들어 지켜도, 문자 속에서 증거를 끌어와도 안 된다. 만약 재빨리 깨닫고자 한다면 오직 이 한 생각이 한번 폭삭 부서져야 한다. 그래야 비로소 삶과 죽음을 밝힌 것이며 깨달음에 들어간다고 말할 수 있다. 일부러 부서지길 기다려서는 절대 안 된다. 만약 부서지는 곳에 마음을 둔다면 영원히 부서질 때가 없을 것이다.

다만 조주의 "없다."를 뚫고 나가라. 문득 뚫고 나가면 비로소 고요함과 시끄러움이 방해되지 않음을 알게 될 것이다. 또 힘들여 지탱할 필요도 없고, 지탱할 것이 없다는 생각마저 하지 않을 것이다.[113)]

---

113) 유통판(劉通判) 언충(彦沖)에 대한 답서(24-2).

195

오직 망상으로 뒤집어진 마음과 사량, 분별하는 마음과 삶을 좋아하고 죽음을 싫어하는 마음과 지식과 견해로 이해하는 마음과 고요함을 즐기고 시끄러움을 싫어하는 마음을 눌러두라. 오직 눌러 둔 곳에서 화두만 살펴보아라.[114]

쓸데없이 헤아리는 마음을 붙잡아 "없다." 위에 올려놓고 한번 헤아려 보라. 헤아림이 미치지 못하는 곳에서 이 한 생각이 문득 부서진다면 곧 과거·현재·미래를 깨닫는 곳이다. 깨달을 때는 적당히 배치할 수도 없고, 생각을 헤아릴 수도 없고, 사례를 끌어들여 증명할 수도 없다. 왜 그런가? 깨달은 것은 배치도, 헤아림도, 입증하는 것도 허용되지 않기 때문이다. 그런 것은 깨달음과 전혀 무관하다. 다만 막힘없이 텅 비게 할 뿐이다. 좋음과 나쁨을 전혀 헤아리지 말고 생각하지 말고 잊어버리지 말라. 생각하면 생각 따라 이리저리 흘러 다니고, 잊어버리면 깜깜하고 멍청한 곳에 빠지게 된다. 생각하지도 않고 잊지도 않는다면 선(善)이 선이 아니요, 악(惡)이 악이 아니다. 만약 이와 같이 깨닫는다면 삶과 죽음이라는 마귀가 어느 곳에서 그대를 찾아내겠는가?[115]

이 무자(無字) 화두는 삶과 죽음에 대한 의심을 부숴버리는 칼이다. 이것을 쓰고 안 쓰고는 자기 손안에 있다. 바로 자신이 직접

---

114) 부추밀(富樞密) 계신(季申)에 대한 답서(13-1).
115) 왕내한(汪內翰) 언장(彦章)에 대한 답서(28-1).

손을 대야만 한다. 만약 목숨을 버렸다면 스스로 기꺼이 손을 댈 것이다. 만약 아직 목숨을 버리지 못했다면 궁금한 심정이 해소되지 못한 곳에서 버티고 있어야 한다. 문득 스스로 목숨을 한번 놓아버리면 곧장 끝난다. 그때는 고요한 때가 시끄러운 때가 되고 시끄러운 때가 고요한 때가 된다. 말하는 때가 침묵하는 때가 되고 침묵하는 때가 말하는 때가 된다.[116]

그러므로 24시간 속에서 삶과 죽음의 윤회와 불도가 있다고도 집착하지 말고, 삶과 죽음의 윤회와 불도가 없다고도 돌리지 마라. 다만 "개에게도 불성이 있습니까?" "없다."라는 화두만 살펴보라. 생각으로 헤아리지 말고 말로써 설명하려 하지 말라. 입을 여는 곳에서 받아들여서도 안 되고, 번개처럼 번쩍 스치는 곳에서 이해해서도 안 된다. 오직 참(參)할 뿐이다. 일부러 깨달음을 기다리거나 쉬기를 기다려선 안 된다. 일부러 그렇게 하면 더더욱 이 일과는 상관이 없다.[117]

만약 "개에게는 불성이 없다."라는 화두를 뚫고 지나가기만 하면 이런 종류의 말은 도리어 망령된 말이 된다. 그러나 아직 화두를 뚫고 지나가지 못했으면 망령된 말이라고 이해해서도 안 된다.[118]

---

116) 진소경(陳少卿) 계임(季任)에 대한 답서(17-1).
117) 진소경(陳少卿) 계임(季任)에 대한 답서(17-1).
118) 왕장원(汪狀元) 성석(聖錫)에 대한 답서(36-1).

화두 위에서 의문이 부서지면 천만 가지 의문이 일거에 부서진다. 화두가 부서지지 않았으면 우선 그 화두와 서로 맞붙어 버티고 있어라. 만약 화두를 버리고 다시 다른 문자 위에서 의문을 일으키거나, 경전의 가르침 위에서 의문을 일으키거나, 옛사람 공안에 의문을 일으키거나 매일 상대하는 피곤한 경계에서 의문을 일으킨다면 이것은 모두 삿된 마구니의 권속들이다. 무엇보다 조심할 것은 말을 꺼내는 곳에서 곧장 받아들여서도 안 되고 생각으로 헤아리지도 말아야 한다. 생각할 수 없는 곳에서 일부러 생각하게 되면 마음은 갈 곳이 없어서 마치 쥐가 쇠뿔 속으로 들어가 곧장 꼼짝 못 하는 것과 같다. 다시 마음이 시끄러워지면 "개에게는 불성이 없다."는 화두를 자신에게 말해주기만 하라. 여러 부처님과 조사 스님들의 말씀이 천차만별로 다른 것 같지만 이 "없다."는 글자를 뚫고 나가기만 하면 일시에 모두 뚫고 지나가 남에게 묻지 않게 된다. 만약 부처님의 말씀과 조사의 말씀, 노스님의 말씀은 어떤가 하고 남에게 묻기만 한다면 영원히 깨달을 때가 오지 않는다.[119]

2. 간시궐(乾屎厥)

무상한 시간은 번갯불처럼 빨라서 금세 뿌린 대로 열매를 거둬들일 때가 온다. "똥 닦는 막대기"는 어떠한가? 붙잡을 것도 없고,

---

119) 여사인(呂舍人) 거인(居仁)에 대한 답서(32).

맛도 없고, 가슴속이 갑갑함을 느낄 때가 바로 좋은 소식이다. 조심해야 할 것은 말을 꺼내는 곳에서 바로 받아들여서도 안 되며 일 없는 곳으로 도망가서도 안 된다. 말할 때는 있다가도 말하지 않을 때가 없다고 해서도 안 된다. 일부러 마음을 내어 깨달음을 기다려서는 더욱 안 된다. 만약 일부러 마음을 내어 깨달음을 기다린다면 영원히 깨달을 수 없다.[120]

이른바 공부라는 것은 세간의 잡다한 일들을 생각하고 헤아리는 마음을 "똥 닦는 막대기" 위에 돌려놓고 분별심이 활동하지 않게 하여 흙이나 나무로 만든 인형과 같게 만드는 것이다. 깜깜하고 붙잡아 의지할 만한 것이 없다는 것을 느낄 때가 좋은 소식이다. 이때 공에 떨어질까 봐 두려워하지 말 것이며 앞뒤를 헤아려 언제 깨달을 수 있을까 하는 생각도 말라. 이런 마음을 가진다면 곧 삿된 길에 떨어진다.

부처님께서는 말씀하셨다.

"이 법은 생각하고 분별하여 이해할 수 있는 것이 아니다."

생각하고 분별하여 이해하면 바로 재앙이 일어난다. 생각하고 분별하고 이해할 수 없음을 아는 자가 누구인가? 다만 그대일 뿐

---

120) 여사인(呂舍人) 거인(居仁)에 대한 답서(35-2).

이다. 다시 머리를 돌리고 생각을 바꿔서는 안 된다. 모든 부처님과 조사는 단 한 법도 누구에게 주지 않았다. 다만 한 사람이 스스로 믿고 긍정하며 스스로 보고 깨닫기를 바랄 뿐이다. 단지 남의 입에서 나오는 말만을 취한다면 그 사람을 잘못 알게 될 것이다. 이 일은 분명히 언설상(言說相), 심연상(心緣相), 문자상(文字相)을 떠나 있다. 모든 상을 떠남을 알 수 있는 자는 다만 그대일 뿐이다. 죽은 뒤에 끊어져 없어지는지 아닌지를 의심하는 자도 그대이다. 곧바로 가르쳐주기를 바라는 자도 그대이고 24시간 속에 성내거나 기뻐하거나 사량 분별하거나 이리저리 끌려 다니는 것도 모두 그대일 뿐이다. 그대가 이런 특별한 변화를 일으킬 수 있다. 그대가 모든 부처, 모든 조사와 더불어 적멸의 대해탈광명(大解脫光明)의 바닷속에서 함께 노닐며 세간과 출세간의 일을 성취할 수 있다. 그런데도 오직 그대만이 이것을 믿지 못하고 있다. 믿을 수 있다면 부디 나의 설명에 믿고 삼매에 들어오라. 문득 삼매로부터 나와서 어머니가 낳은 코를 잃어버린다면 바로 철두철미할 것이다.[121]

---

[121] 여사인(呂舍人) 거인(居仁)에 대한 답서(34-1).

답답한 곳에서 힘을 내라

들어가며

선가에는 깨달음의 순간을 전해주는 일화들이 많다. 복사꽃 보다가 깨치고, 대나무에 기왓장 부딪치는 소리 듣고 깨치고, 닭 울음소리에 깨치고, 손가락 들어 올리는 데도 깨친다. 코를 잡아 비트는 일에서도 깨치고, 촛불이 펄럭이는 데서도 깨친다. 어떠한가? 그냥 우리들 평범한 일상 밖의 소식이 아니지 않는가?

지금 이 순간 창문이 덜컥거린다. 음악 소리가 들린다. 컴퓨터 모니터에 커서가 깜빡거린다. 어떠한가? 옛 어른들의 깨달음의 기연과 무엇이 다른 것인가?

소금인형은 바다의 깊이를 재기 위해 바다에 들어갔다가 그만 사라졌다 하지 않던가? 진흙소가 물 위를 걸어가고 있다. 이때 어떠한가? 혹시 조금 더 답답해지지는 않았는지? 바로 이곳에서 힘을 내라고 성현들이 응원하고 계시지 않는가? 대혜 스님의 편지 말씀을 경청(敬聽)해 보자.

서장 내용

피할 수 없는 곳이 바로 공부가 끝나는 지점이다. 피할 수 없는 곳을 딱 마주치면, 마음을 일으키고 생각을 움직여 점검하려는 생각을 절대로 하지 마라. 회피할 수 없을 때 마음을 다시 헤아리지 말아야 한다. 마음으로 헤아리지 않을 때 모든 것이 이루어졌으니 이해도 필요 없다. 날카롭고 무딘 것도 필요 없고, 고요하고 시끄러운 것도 필요 없다. 회피할 수 없는 그때가 바로 장애가 무너지는 순간이다. 손뼉을 치며 크게 웃을 것이다. 인연에 응할 때는 응하기만 하고, 고요히 앉고 싶으면 고요히 앉을 뿐이로다. 앉는 것에 집착하여 마지막 진실이라 여겨서는 안 된다.[122]

화두만 살펴보라. 살펴보고 또 살펴보다 잡을 것도 없고 맛도 없어서 마음속이 갑갑하게 느껴졌을 때 힘을 내기 딱 좋다. 절대로 다른 것을 따라가지 마라. 이 갑갑한 곳이 곧 부처가 되고 조사가 되어 천하 사람들의 입을 다물게 만드는 곳이다.[123]

곧장 쉬고자 한다면 맛보았던 것은 전혀 상관치 말라. 찾을 것이 없고, 맛이 없는 곳으로 가서 마음을 한번 쏟아보아라. 마음을 쏟을 수 없고, 더듬어 찾을 수 없다. 붙잡을 것이 없음을 더더욱 느

122) 진소경(陣少卿) 계임(季任)에 대한 답서(18-2).
123) 증종승(曾宗丞) 천은(天隱)에 대한 답서(40).

졌다면 이치의 길과 뜻의 길로는 마음이 전혀 가지 않아 마치 흙, 나무, 기왓조각, 돌멩이와 같을 것이다.[124]

한 생각을 일으키기 이전을 살펴보아라. 살펴보고 또 살펴보아 더더욱 붙잡을 게 없고, 마음이 더더욱 불편함을 느낄 때 놓아서 늦추면 안 된다. 여기가 곧 온갖 성인의 머리를 꺾어버릴 곳이다.[125]

사량하고 헤아리고 짜 맞출 수 있는 곳은 없다. 다만 가슴이 갑갑하고 마음이 괴로울 때가 바로 좋을 때이므로 제8식이 거의 작동하지 않을 것이다. 이와 같다고 느낄 때 놓아 버리려 하지 말고, 단지 "없다."라는 글자에서 스스로를 일깨워라. 일깨우고 또 일깨우면 낯선 곳이 저절로 익숙해지고 익숙한 곳은 저절로 낯설어진다.[126]

아직 분별심이 깨어지지 않았다면 마음의 불이 활활 타오를 것이다. 바로 이러한 때 의심하던 화두를 자신에게 일깨워 주어라. 다만 스스로 일깨워주고, 말해 주기만 하라. 왼쪽으로 가도 옳지 않고 오른쪽으로 가도 옳지 않다. 또 마음을 내어 의도적으로 깨달음을 기다려서도 안 되고, 말을 꺼내는 곳에서 바로 받아들여서도

---

124) 왕교수(王敎授) 대수(大受)에 대한 답서(41).
125) 이랑중(李郎中) 사표(似表)에 대한 답서(44).
126) 영시랑(榮侍郎) 무실(茂實)에 대한 답서(57-1).

안 된다. 현묘하다고 이해해서도 안 되고, 있음과 없음을 따져도 안 된다. (……) 부싯돌에서 불꽃이 튀고 번갯불이 치는 곳에서 알아차려도 안 된다.[127]

다만 화두를 자신에게 일깨워주다가 일깨워주는 곳에서 문득 분별심이 끊어지면 이것이 바로 집으로 들어가 편안히 쉬는 것이다.

경전에서는 이렇게 말했다.

> "마음에서 삶과 죽음이라는 경계를 끊고 마음의 빽빽한 숲을 베고, 마음의 더럽고 탁함을 씻고, 마음의 집착을 풀고 한 곳에서 마음이 굴러가도록 한다."

굴러가는 바로 그때 굴러가는 도리(道理)가 없지만 저절로 하나하나 위에서 밝고 사물과 사물 위에서 드러난다. 매일 인연을 만나는 곳이 깨끗하든 더럽든, 좋든 싫든, 순조롭든 거슬리든 진주 구슬이 쟁반 위에서 구를 때 억지로 굴리지 않아도 저절로 구르는 것과 같다. 이러한 때가 되면 끄집어내어 남에게 보여줄 수 없다. 물을 마셔봐야 차가운지 따뜻한지를 아는 것과 같다.[128]

---

127) 장사인(張舍人) 장원(壯元)에 대한 답서(61).
128) 탕승상(湯丞相) 진지(進之)에 대한 답서(62).

다시 보기

피할 수 없는 곳이란 전진이나 후퇴가 불가능하고 좌우가 아무 것도 없이 막막한 그런 상황이다. 다시 말하면 화두와 자신이 하나가 된 상태에서 새 소식이 온다는 정황이다. 화두 수행을 끊임없이 하다 보면 내 안에 들어있는 아뢰야식의 종자가 점점 엷어지고 희석되어지면서 이것이 움직일 만한 작용력이 없어지는 상황이 오지 않겠는가? 그때가 막막하고 아득할 때이다. 아뢰야식의 발현 종자가 쇠약해져 드러나지 못하는 정도까지 가게 되면 더 이상 마음이 일어날 곳이 없다. 그것을 갖고 억지로 이 상태가 무슨 상태인가 스스로 점검하려 하면 자꾸 분열되어 뒤로 돌아가게 된다. 지속적으로 가다 보면 저절로 확 열리는 그런 순간이 올 것이다.

방 거사나 선승 같은 분들의 말은 그야말로 산은 산이고 물은 물인 것이다. 생사의 멀고 험한 길이 있지만 흰 파도 위에 갈매기는 유유히 헤엄치고 동쪽에 해가 뜨니 서쪽에 달이 진다.

아뢰야식의 종자는 지나온 일들의 훈습인데 그게 마음의 흔적으로 남아 계속 우리가 이 세상을 인식하고 사고하고 받아들이는 데 근원적인 역할을 한다. 이것은 눈에는 안 보이지만 우리도 모르게 그냥 내 안에서 스스로 내 마음을 움직인다. 거기에 따라 이 세상도 그렇게 봐버리고 우리가 거기에 노예처럼 끌려 다니면서 살아가고 있다. 이것을 없애는 방법이 화두 수행이다. 그래서 내 마음이 움직일 때마다 그 움직이는 그 마음 위에 화두를 탁 놓으라고 한다. 그러면 그 생각이 잠시 사라진다. 이것을 일상에서 자나 깨나 계속 "없다, 없다." 하다 보면 마음에서 올라오는 현행 종자의 세력이 점점 약해진다. 이에 따라 번뇌심도 스르르 녹아내린다. 그러면 세상을 보는 눈이 본래 진실, 본래 자성, 본성, 순수한 여래의 성품이 서서히 작동을 하게 된다.

더 이상 마음속에서 올라오는 게 없고, 더 이상 느껴지는 것도 없고, 막막해서 오도 가도 못하는 그런 처지에 들어서면 이게 화두선의 묘미이다. 옛날 선사들이 "밥 먹었냐?", "발우 씻어라.", "평상심이 도(道)다.", "마른 똥 막대기다." 하는 말들이 분별심이 사라진 본성 속에서 나오는 말들이다. 이들이 생활 속에서 자유롭게 대자유인이 되어서 삶을 살아가는 모습이다. 배 고프면 밥 먹고 졸리면 잠자고 하는 것이 도인의 경계다.

뚫고 나가라는 투취(透取)라는 말은 철두철미하게 화두에만 집중하라는 의미다. 의도를 갖지 말고 투치하면 즉, 화두만 들고 나아가면 홀연히 투득(透得)할 것이다. 즉, 얻은 바가 있을 것이라는 얘기다.

집착이 없으면 막힘이 없다. 내 견해가 있으면 내 견해에 집착이 되므로 막히는 것이다. 그러나 '텅 빈다'는 이야기는 모든 것과 다 소통되는 원만무이(圓滿無二)해지는 것이다. 좋고 나쁨도 헤아리지 말고 생각하지도 말고 잊어버리지도 말라는 것은 의도적인 어떤 것을 하지 말라는 것이다. 선과 악이라고 하는 것은 사회적이고 상대적인 개념이다. 이를 뛰어넘는 불이중도(不二中道)를 선택하는 것이다.

내생이 있느니 없느니 하는 것은 단견(短見)이다. 내생이 '있

다' 고 해도 '없다' 고 해도 자유롭지 못하다. 그냥 있고 없는 것을
넘어서야 한다. 그 속에 묶여버리면 곤란하다. '없다' 고 하면 허망
할 것이고, '있다' 고 하면 어떻게 해야 그곳으로 갈 것인지 또 길
을 찾아야 한다. 부질없이 찾아봐야 길이 없다. 양극단에 치우치지
않는 것이 집착 없는 중도다. 여기서 코라고 하는 것은 한 소식 하
는 것을 말한다. 코가 숨 쉬는 근본 바탕이니까 본래 소식, 본래 자
리다.

선禪은 인간적이다

들어가며

불법의 전통, 특히 선공부의 전통에서는 그 어떤 이해나 견해는 하나도 빠짐없이 사견(邪見)이다. 이러한 측면에서 선이 매우 인간적이라는 말은 어떻게 받아들여지는가? 우리 범부들의 마음 씀을 중생놀음이라 표현하는 경우가 있다. 지금 이 글을 쓰고 있는 순간에도 전광석화처럼, 아니 그보다 더 빠르게 이원성의 구조는 어김없이 드러난다. 한마디로 중생놀음 아닌 부처님 마음은 어떤 것이지 하면서 추구하고 규정하려 든다. 이 깊은 병에 따른 약방문으로 불법이 이야기되는 것이지, 어떤 상황에서도 정해진 법이 있는 것이 아니다. 선이 매우 인간적이라는 것은 그 반대의 처지에 놓여 있는 현실을 일깨우기 위한 하나의 손가락이다. 이때 우리는 어떠한가? 대혜 스님의 편지 말씀을 경청(敬聽)해 보자.

　왕내한(汪內翰) 그대의 다섯째 아들이 병으로 먼저 죽었다고 하셨다. 부자의 정은 천 번이나 윤회하는 장구한 세월 동안 은혜롭고 자유로운 습기(習氣)가 흘러든 것이다.

　자식을 잃은 아픔으로 번뇌가 일어날 때 이 번뇌가 어디서 왔는지 잘 따져서 찾아보라. 번뇌가 일어나는 곳을 찾을 수 없다면 이 번뇌가 어느 곳에서 올 수 있겠는가? 번뇌하는 바로 그때 번뇌가 있는가, 없는가, 번뇌는 헛된 것인가, 진실한 것인가를 거듭거듭 탐구해 보면 마음은 갈 곳이 없다. 생각하고자 하면 생각하고 울고자 하면 울기만 하라. 울고 또 울고 생각하고 또 생각하여 마음속의 수많은 은혜롭고 자애로운 습기를 모두 털어버리면 자연히 물이 물로 돌아가듯 나의 번뇌는 없고 생각함도, 근심도, 기쁨도 없는 본래면목을 회복할 것이다.

　부자는 천성이 하나이다. 자식이 죽었는데 아버지는 번뇌할 수밖에 없고 또 아버지가 죽으면 자식이 번뇌할 수밖에 없다. 이를 억지로 멈추려고 하지 마라. 울고 싶을 때 울지 않고 생각하고 싶을 때는 생각하지 않으면 이는 일부러 천리(天理)에 거스르고 천성(天性)을 소멸시키는 것이다. 마치 목소리를 더 높여 소리를 잠재우려 하거나 기름을 부어 불을 끄고자 하는 것처럼 무모하다. 번뇌할 바로 그때도 전혀 다른 일이 아니다. 그러므로 다른 일이라는 생각은 절대로 하지 말라.

영가현각(永嘉玄覺)이 말했다.

　　"무명의 실성(實性)이 곧 불성이고 허깨비같이 텅 빈 몸이 곧 법신
　　이다."

이것은 진실한 말이다. 사람을 속이는 헛된 말이 절대 아니다.
이와 같이 볼 수 있다면 생각하고자 하거나 번뇌하고자 하여도 그
렇게 할 수 없다. 이렇게 보는 것을 일러 바로 본다고 하고, 이와
달리 보는 것을 잘못 본다고 한다. 그러나 잘못됨과 바름이 아직
나누어지지 않는 때가 힘을 내기에 꼭 알맞다. 이것이 바로 나의
분명한 뜻이니 지혜가 모자라는 사람 앞에서는 말하지 마라.[129]

다시 보기

부자(父子)간의 관계도 오랜 습기가 흘러든 것이다. 오랜 역사
적인 흔적의 결과물이다. 그러나 결론적으로 말하면 세속의 여러
가지 일들은 진실한 것이 없듯이 자식에 대한 애착을 가지는 것도
부질없는 환상이다. 종족 번식이라는 입장에서 보면 마땅히 해야
되는 본능적인 일이지만 그것 자체도 진실한 것은 아니다. 불교에
서 봤을 때는 오욕(五慾)이라고 하는 본능은 세상이 흘러오면서

---

129) 왕내한(汪內翰) 언장(彦章)에 대한 답서(30-3).

습관화된 행동이다. 그 이전에 있는 것이 본성이다. 아들을 잃은 사대부에게 슬프지만 날이 갈수록 오랫동안 생각하다 보면 오히려 자기의 본래 마음을 깨치는 계기가 될 수 있을 것이라는 위로의 글이다. 어려울 때일수록 어려운 마음에서 본마음을 찾는 마음공부의 계기로 삼아야 한다는 것이다.

스님의 가르침을 보면 선은 상당히 인간적이라는 느낌이 든다. 울고 싶을 때 울고 생각하고 싶을 때 생각하라고 한다. "그렇게 하지 말라."가 아니고 "어떡하겠느냐."며 다 받아들인다. 달마의 『절관론(絶觀論)』에 다음과 같은 이야기가 있다. "악한 인연을 만났을 때에 어떡하겠느냐?"는 제자의 물음에 달마는 답한다. "전혀 대처할 필요가 없다. 무슨 까닭인가? 피할 수 있으면 피하고 피할 수 없으면 떠맡는다. 참을 수 있으면 참고 참을 수 없으면 슬피 운다." 악한 인연이든 착한 인연이든 마음 두지 않는 초연한 자세를 보이지만 마음이 저절로 일어나는 경우에는 인간적으로 어쩔 수 없다는 것이다. 그래도 방법이 없으면 어쩔 수 없는 것이다. 선이 날카롭고 차갑고 냉정하긴 하지만 그래도 이 세속을 버리지는 않는다. 선사들은 날카롭고 냉정하면서도 다정다감하고 따뜻하고 겸손하며 인간적이다.

출세간은 세간이 없는 것이고, 세간은 출세간이 없는 것이다. 승의제(勝義諦)와 세속제(世俗諦)는 완전히 다른 부분이다. 그런데 이 세간의 법이 곧 부처님의 법이고 불법이 곧 세간법이다. 승의제와 세속제가 둘이 아니다. 현상은 허망하지만 승의제 본성의 성품이 그렇게 드러난 것이고, 세상은 허망하지만 그 본바탕은 출세간의 승의제에서부터 생겨난 것이다. 흡사 바다와 파도와 같다. 바다가 출세간이라면 파도는 세간이다. 파도는 허망해서 파도라고 붙잡을 게 없지만 바다는 유유히 도도하게 흘러간다. 파도와 바다를 하나로 보는 안목에서는 파도 따로 바다 따로가 아니다. 바다와 파도라고 하지만 이것을 하나로 보느냐, 다르게 보느냐는 우리의 생각에 달려 있다. 둘로 보면 분별심이 발동된 단계이고, 하나로 보면 통합심이 발휘되어 나타난 것이다.

무명이라는 어두운 마음은 공(空)한 것이다. 본래 없는 것이므로 그것이 곧 불성이고 공성(空性)이다. 지금 내 몸이 바로 법신이다. 본래가 곧 해탈이다. 해탈이 곧 본래다. 강조하는 것은 본바탕을 보라는 것이다. 생사 문제를 가지고 지혜가 없는 사람한테 이야기를 잘못했다가는 "불교는 그렇게 냉정한가? 인간을 위한 불교이지 불교를 위한 불교가 되면 되겠느냐." 이런 오해를 받을 수 있다는 뜻이다.

옛날에는 전쟁과 질병으로 자식을 잃고 부모를 잃는 경우가 허다하였다. 생명을 보호하는 시스템이 요즘 같지 않았다. 이게 인간이 살아가는 모습이다. 겉으로는 다들 편안해 보이지만 집집마다 속을 들여다보면 세속의 고통은 다 갖고 있다. 스님들도 마찬가지다. 제자를 잃은 스승들, 뜻하지 않게 스승을 잃은 제자들, 그런 슬픔이야말로 얼마나 많겠는가. 그러나 그것을 슬픔으로 받아들이든 아니든 그것을 계기로 본성을 보되 천성을 어기지는 말라는 것이다. 도인도 울고 싶으면 울어야 되고 아프면 또 아파야 되고 괴로우면 괴로워야 된다. 그러나 그것이 어떻게 일어나서 어떻게 나타나고 어떻게 드러나는가 하는 본바탕을 알면서 울고 알면서 아프다. 오죽하면 인연에 어둡지 말라고 했는가?

현재에도 집착하지 마라

들어가며

우리들의 마음은 쉽게 대상으로 향한다. 무엇을 아는 인식의 구조 자체가 그러하도록 되어 있다. 이렇게 대상을 향하는 그 마음을 선공부에서는 밖으로 나갔다고 표현한다. 이 밖으로 나간 마음을 돌이키기 위해 선공부 도량에서는 바로 우리들이 맞닥뜨린 현실, 지금 여기로 돌아오라고 말씀하신다. 그래서 조사들의 가르침은 거창한 어떤 사상이나 이론이 아닌 지극히 평범한 우리들의 일상과 그 언어와 다르지 않은 일로 이루어져 있다. 지금 자신이 직면한 이때 이곳의 경험 속에 선공부의 일이 지나가고 있는 것이다. 그렇다. 지나가고 있다. 바로 이때, 지금, 이 순간, 이렇게 현재라는 다른 이름을 거론해 보지만 어떤가? 현재가 집착할 수 있는 그 어떤 테두리가 있는 대상일 수 있겠는가? 어디까지가 현재인 것인가? 대혜 스님의 편지 말씀을 경청(敬聽)해 보자.

서장 내용

석가모니께서 말씀하셨다.

> "마음이 망령되이 과거의 법을 취하지 않고, 또 미래의 일도 탐내지 않고 현재에도 머물지 않으면 과거·현재·미래가 모두 텅 비고 고요함을 깨닫는다." [130]

석가모니께서 거듭 말씀하셨다.

> "마음이 헛되이 과거의 법을 취하지 않고 미래 일도 탐내지 않고 현재에도 머물지 않아야 과거·현재·미래가 모두 공적(空寂)함을 밝게 통달한다."

과거는 좋든 나쁘든 생각하지 말고 미래의 일도 헤아리지 말아야 한다. 헤아리기만 하면 어지럽게 헤매게 된다. 현재의 일이 코앞에 닥치면 마음에 거슬리든지 마음에 들든지 생각하지 말아야 한다. 생각을 하면 마음을 어지럽히게 된다. 다만 언제나 그때그때 인연에 응하면, 저절로 이 도리에 들어맞게 될 것이다. [131]

---

130) 왕내한(汪內翰) 언장(彦章)에 대한 답서(28-1).
131) 루추밀(樓樞密) 중훈(仲暈)에 대한 답서(54-1).

지나간 일은 선이든 악이든, 맞든 틀리든 전혀 생각하지 말라. 현재의 일은 줄일 수 있다면 바로 줄여서 한칼에 두 동강을 내어 버리되 머뭇거리며 의심하지 마라. 그러면 미래의 일은 저절로 연이어지지 않는다.

어떤 스님이 조주 스님에게 "개에게도 불성이 있습니까?" 하고 물으니 조주가 "없다."라고 응답한 이야기를 살펴보기만 하라. 그리고 쓸데없이 헤아리는 마음을 붙잡아 "없다." 위에 돌려놓고 한번 헤아려 보라. 헤아림이 미치지 못하는 곳에서 이 한 생각이 문득 부서진다면 곧 과거·현재·미래를 깨닫는 곳이다.[132]

다시 보기

이미 지나간 과거는 끝나버린 것이다. 따라서 과거는 무기(無記)이기 때문에 집착하지 않으면 흩어지는 것이 분명하다. 마음속에 남은 흔적일 뿐이다. 미래는 아직 실존하지 않기 때문에 무기(無記)이다. 마음속에서 일어나는 기대와 불안일 뿐이다. 마음에서 나타나는 현상이기에 집착의 대상이 분명하지 않다. 그래서 과거와 미래는 돌아보고 예상할 필요가 없다.

문제는 현재는 분명하게 눈앞에 펼쳐지기에 충실하라고 하는데 현재에 충실하려는 것도 사실은 집착이다. 과거와 미래의 중간쯤

---

132) 왕내한(汪內翰) 언장(彦章)에 대한 답서(28-1).

이 현재인데 과거도 없고 미래도 없는데 중간에 걸칠 현재는 더욱 찾기 어렵다. 현재도 또한 마음의 능관(能觀)과 대상인 소관(所觀)의 분별 망상의 작용일 뿐이다. 그래서 이것마저도 내려놓아야 한다. 능관과 소관에 집착하지 말고 본심으로 현재를 살면 된다. 중생심으로 사는 것이 아니고 본마음으로 현실을 살면 된다.

현재의 일이 코앞에 닥치면 모든 것이 무수한 인연에 따라서 그렇게 나타날 수밖에 없다는 수연(隨緣)을 살펴봐야 한다. 마음에 거슬리든지 마음에 들든지 따지지 말아야 한다. 생각을 하면 허망한 일로 마음을 어지럽히게 된다. 다만 그때그때 인연에 응하여 저절로 움직〔任運〕이게 되면, 저절로 이 도리를 알게 되고 들어맞게 된다.

과거의 법은 아뢰야식에 저장된 과거 흔적을 집착해서 취하는 제7식과 제6식의 번뇌 작용이다. 미래의 일은 제6식의 생각이다. 제6식으로서 미래를 예견하고 희망한다. 현재는 제6식·제7식·제8식이 종합적으로 일어난 일이므로 여기에 머물지 않으면 과거·현재·미래가 모두 있게 된다. 고요함, 정적 열반 이런 개념들은 근심, 걱정 없는 상태, 좋게 말하면 삶의 본질에 충실한 생명 그대로의 삶을 말한다. 고요함은 조용함이 아니다. 본성에 충실함이다. 삶의 본성은 창조이고 생명이고 완전함이다. 역동적이다.

방하착마저 방하착하라

들어가며

우리가 지금 배우고 있는 불법은 반드시 견지하고 있어야 할 어떤 규정이 있는 가르침이 아니다. 우리들의 본래 마음자리를 밝히는 공부가 선공부라 하지만 이때 본래 마음에 합당한 대상이 있는 것도 아니다. 그렇다고 본래 마음 아닌 것이 있는 것도 아니다. 참으로 앞뒤도 맞지 않는 말을 하는 지점이다. 그래서 선문(禪門)에서는 밝은 자리를 깨달은 성현들이 어쩔 수 없이 다만 가리켜 보여주고만 있다. 이렇다고 말했다가 또 그 말을 부수고, 저렇다고 했다가 또 저 말을 부순다. 이러한 때에도 우리는 말이 실체 없이 다만 분별의 그림자일 뿐임은 돌아보지 못하고, 때마다 미혹된다. 내려놓는 것은 차치하고, 내려놓는다는 그마저도 다 내려놓으라니, 우리 분별의 병이 얼마나 깊은지 알지 않겠는가? 대혜 스님의 편지 말씀을 경청(敬聽)해 보자.

서장 내용

엄양(嚴陽) 존자(尊者)가 조주에게 물었다.

"한 물건도 가져오지 않을 때는 어떻습니까?"
"내려놓아라(放下着)."
"한 물건도 가져오지 않았는데, 무엇을 내려놓습니까?"
"내려놓지 못하겠거든, 가지고 있어라."

엄양은 이 말을 듣고 크게 깨달았다.

어떤 승려가 고덕(古德)에게 물었다.

"학인이 어떻게 할 수 없을 때에는 어떻습니까?"
"나도 역시 어떻게 할 수 없다."
"학인은 배우는 처지이기 때문에 어찌할 수 없는데 스님은 대선지식인데 왜 어찌할 수 없다는 겁니까?"
"내가 만약 어찌할 수 있다면 곧 그대의 이 어찌하지 못함을 없애버리겠다."

승려는 이 말에 크게 깨달았다.[133]

---

133) 루추밀(樓樞密) 중훈(仲暈)에 대한 답서(55-2).

또 어떤 스님이 물었다.

"한 생각도 일으키지 않았는데도 허물이 있습니까?"

운문스님이 말했다.

"수미산(須彌山)." [134]

진실로 의심 없는 곳에 도달한 사람은 마치 강철 같고 무쇠 같아서 천 분의 부처님이 나타나서 헤아릴 수 없이 뛰어난 경계를 보이더라도 그것을 보고도 보지 않은 것과 같다.

약산(藥山)이 좌선하고 있는 석두(石頭)에게 물었다.

"그대는 여기서 무엇을 하는가?"
"아무것도 하지 않습니다."
"그렇다면 한가하게 앉아 있는 것이로구나."
"한가하게 앉아 있다면 도리어 무엇을 하는 것입니다."

이에 석두 스님은 그렇다고 수긍하였다. [135]

---

134) 증시랑(曾侍郎) 천유(天游)에 대한 답서(4-3).
135) 엄교수(嚴敎授) 자경(子卿)에 대한 답서(50).

다시 보기

　방하착(放下着)! 내려놓아라! 마음과 경계에 대한 집착을 내려놓으라는 뜻이다. 그러나 억지로 내려놓는 것은 내려놓는 것이 아니다. 억지로 하면 내려놓아야 한다는 집착이 다시 작동하기 때문이다. 이때에는 마음이 대상에 끌리고 다시 내려놓는 일에 끌린다. 집착은 본래로 없는 것임을 알 때에 집착은 사라지고 마음의 본성을 밝혀서 대상이 있는 그대로임을 아는 것이다. 마음을 알맞게 쓰는 것은 의도를 좋게 가지는 것이 아니라 마음을 쓰지 않는 것이다.

　달마에게 제자가 마음이 있는지 없는지를 물었다. 달마는 "없다."고 대답한다. 제자는 다시 물었다. "이미 마음이 없다면 보고 듣고 느끼고 아는 일이 없어야 하는데 어떻게 보고 듣고 느끼고 알 수 있습니까?"

　달마가 말한다. "나에게는 마음은 없으나 볼 수 있고 들을 수 있고 느낄 수 있고 알 수 있다." 달마의 『무심론』의 한 구절이다. 마음은 없어야 잘 보고 잘 알 수 있다. 마음이 있으면 번뇌의 집착으로 아는 일밖에 없다. 무심(無心)이란 마음에 번뇌가 없는 청정한 본성인 공심(空心)을 말한다. 밝은 거울과 같이 훤하게 모든 것을 비추어 아는 지혜이다. 공심이기에 어디에도 걸림이 없는 공용(空用)의 자유자재함이 있다. 그래서 내려놓는 것도 내려놓아야 대자유의 길이 열린다.

마조 도일 스님에게 제자가 물었다.

"어떤 것이 도를 닦는 일입니까?"
마조가 답했다.
"도를 닦는 것에 속하지 않는다. 만약 닦아서 이룬다고 하면, 닦아서
이루어지는 것은 부서지니 성문과 같다. 만약 닦지 않는다고 하면 범
부와 같을 것이다."

수행함이 없는 수행(無修之修)이다. 선공부는 마음 잘 쓰는 것
을 공부하는 것이 아니다. 마음을 쓰지 않는 것이고, 마음을 쓰지
않는다는 마음도 없는 것이다.

공에 떨어질까 두려워 마라

들어가며

기본적으로 '공(空)'은 있는 것도 아니고 없는 것도 아닌 진실을 드러내는 말이라고 문자로 배운다. 이렇게 배운 지식은 자신의 경험 속에서 증명되지 않으면 별 힘이 없다. 이 순간에도, '없다' 하면서 규정을 하고 만다. 있다거나 없다는 견해의 뿌리는 우리의 근본 무명이다. 이런 일을 시정하기 위한 선문(禪門)의 방식은 참으로 단순 명쾌하다 못해 탁월하다. 그 어떤 다른 곳이나 때를 가리지 않고, 항상 바로 이때, 여기 우리의 당면한 현실에서 자신을 돌이키게 한다. 그 어떤 드러나는 말이나 의미 쪽으로 떨어지지 않도록 이끈다. 그런데 어둠 속에 있는 이들은 이것마저도 지식, 즉 알음알이를 일으켜 그것에 머물고는 무엇이라도 잡으려 한다. 아무것도 없음은 우리들을 두렵게 하는 일일 테니까. 자기가 눈앞에 그려놓은 가짜 호랑이인줄은 모르고 두려워 벌벌 떠는 그와 무엇이 다르겠는가? 대혜 스님의 편지 말씀을 경청(敬聽)해 보자.

서장 내용

불교 공부를 잘못하다 보면 "내가 공(空)에 떨어진 것이 아닌가." 의심한다. 이는 비유하자면 배가 아직 뒤집어지지도 않았는데 미리 물속으로 뛰어드는 것 같아 매우 불쌍한 일이다. 여거인(呂居仁) 역시 이런 병이 깊이 들어있었다. 그래서 그에게 다음과 같이 물었다.

> "공(公)께선 공(空)에 떨어질 것을 두려워한다. 두려움을 아는 그것은 공(空)인가, 공이 아닌가 한번 말해보라."

그가 우두커니 생각에 잠겨 헤아려 답하려하자 내가 곧 "악!" 하고 일할(一喝)을 한 번 하였는데 지금까지 아득한 채 근본을 찾지 못하고 있다. 이것은 깨달음을 구하는 마음을 앞에 놓아두어 스스로 장애를 만들기 때문이다. 다른 일 때문이 아니다.[136]

쓸 마음이 없고 마음 갈 곳이 없을 때 공에 떨어질까 봐 두려워하지 마라. 여기가 도리어 좋은 곳이다. 갑자기 쥐가 소의 뿔 속으로 들어가 곧장 꼼짝 못 하는 것과 같다.[137]

---

136) 증시랑(曾侍郎) 천유(天游)에 대한 답서(3-2).
137) 장사인(張舍人) 장원(壯元)에 대한 답서(61).

다시 보기

　수행자들은 공(空)에 대한 두려움을 갖고 있다. 지금까지 쌓아온 것, 가지고 있는 것, 마음에 있는 것 등 모든 사량 분별을 다 없애버리면 공에 떨어져 바보가 되는 게 아닌가 하고 두려워한다. 지금까지의 사량분별로 훈습된 일들이 익숙하기 때문에 이를 버리는 것이 생소하고 두렵기 때문이다. 아귀들의 눈에는 그들의 업식(業識)에 의해서 먹을 것이 불덩어리로 보인다고 하지 않는가? 마음의 업식을 버려야만 아귀에서 벗어난다. 알면서도 버리지 못하면 어중간한 상태에 빠진다. 배를 타고 가다가 끝까지 버텨야 하는데도 불구하고 배가 아직 뒤집어지지 않았는데 물이 샐 것을 걱정해서 뛰어내린다는 의미다.

　끝까지 해보지도 않고 그렇게 될 것을 미리 걱정해서 가지 못하는 것은 어리석다. 싹 잊어버리고 끝장을 봐야 새로운 세계가 열린다. 한 소식을 한 사람들, 세상에서 큰일을 한 사람들을 보면 살짝 잊어버린다. 그들은 자고 일어나 보니 영웅이 됐다고 한다.

　이 말은 자기 일에 자기도 잊은 채 몰두를 하다 보니 그런 결과가 나오는 것이다. 공이란 바로 이런 것이다. 집착 없이 그냥 뛰어가다 보니 어느 날 영웅이 되고, 성공해 버린 것이다. 장애가 되는 것은 사량 분별이다. 이리저리 따지고 분별해선 큰일을 이루지 못한다.

　마음을 크게 내어 확 가버려야 한다. 배가 뒤집어질까 배를 못 타면 안 된다. 공에 떨어질 것을 두려워하지 않아야 한다. 두려워하는 마음도 공인데 공을 두려워할 것이 없다. 불교의 근본은 공이다. 공의 상태에 들어가야 의심 없이 일이 저절로 이루어진다. 의도적으로 깨달음을 구하려는 마음을 앞두면 스스로 장애를 만드는 것과 같다.

마음을 내지도 말고, 내지 않지도 말아라. 양변에 치우치지 말라. 생각을 내면 이미 공이 아니다. 그러므로 생각을 내지도 말고 버리지도 말아야 한다. 꾸준히 항상 일념으로 화두를 잡다 보면 언젠가 저절로 빈틈없이 들어맞게 된다.

방장일은 목숨을 내놓고 하는 중책

들어가며

선문 안에서는 종종 도(道)를 깨치는 일은 세수하다가 코를 만지는 일처럼 쉽다고 한다. 그러다가도 오래오래 공부할 것을 당부하고, 목숨을 내놓을 만큼 중차대한 일이라고 말하기도 한다. 말을 따라 가면 정말 오리무중이다. 이렇게 실상에 어두운 우리들은 장님 코끼리 만지기의 비유처럼 전체를 보는 시각을 잃어버렸다. 개념과 관념의 언어로 이해하니 한바탕의 일은 까마득하고, 부분의 모든 것들이 다 살아서 활개를 치고 있다. 지금 이 순간 방장도 있고, 목숨도 있고, 중책도 있는 일이 된다. 선(禪)의 안목으로 다시 돌아와 보자. 지금 이 말들이 어디에서 펼쳐지고 있는가? 무엇이 이 말들을 가능하게 하고 있는가? 이 문안의 일을 해결할 방장이 되어보면 어떠하겠는가? 목숨을 걸어 볼 만한 일이지 않겠는가? 대혜 스님의 편지 말씀을 경청(敬聽)해 보자.

서장 내용

이미 이 일을 떠맡았다면 탁월하고 철두철미하도록 해야 한다. 평소 진실하게 깨달아 확인한 한 개의 솜씨로 방장실에 단정히 머무는 일은 마치 120근(斤)이나 나가는 짐을 짊어지고 외나무다리 위를 지나가는 것과 같다. 발을 헛디디고 손이 미끄러질 때는 자기 목숨까지 지킬 수가 없다. 하물며 남에게 박힌 못과 말뚝을 뽑아서 사람을 살려주는 일은 어떻게 하겠느냐?

운거도응(雲居道膺) 스님이 말하였다.

　　"이 일은 마치 80살 먹은 노인이 과거 시험장에 나가는 것과 같다. 어찌 어린아이 장난하듯이 하겠는가?"

또 운거도응 스님이 말하길 "내가 만약 변함없이 근본의 가르침만 드러낸다면 법당 앞에 풀이 한 길이나 깊어질 것이다."라고 하였으므로 남에게 절을 돌봐달라고 부탁해야 할 것이다.

암두(巖頭)는 늘 말하였다.

　　"아직 똥 누기 이전에 한 번 엿보아야 곧 안목이 바로 설 것이다."

안국사는 "석문(石門)을 넘지 않는다."고 말했고, 목주(睦州)는

"지금 공안이 이루어져 있으니 그대에게 30방을 때려야 할 것이다."라고 말했다. 분양 무업(汾陽無業)은 "망상하지 말라."고 말했고, 노조(魯祖)는 찾아온 승려가 문 안으로 들어오는 것을 볼 때마다 곧 몸을 돌려 벽을 보고 앉아 있었다.

사람을 가르칠 때에는 마땅히 이러한 표현 양식에 어둡지 않아야 위로부터 전해온 종지(宗旨)를 잃지 않는다.

옛날 위산(潙山)이 앙산(仰山)에게 말했다.

> "한 지방에서 법의 깃발을 올리고 종지를 세우려면 다섯 가지 인연이 갖추어져야 한다. 다섯 가지 인연이란 힘 있는 사람이 보호해 주는 외호연(外護緣)과 재력으로 도와주는 단월연(檀越緣), 공부하는 납자들이 모이는 납자연(衲子緣), 절을 지을 수 있는 토지가 주어지는 토지연(土地緣), 도를 펼칠 수 있는 도연(道緣)이다."

아직 몸이 건강하여 힘을 쓸 수 있을 때 자주 납자들과 함께 이 일을 힘차게 일으키고 후진을 지도할 때에는 심혈을 기울여야 하며 소홀히 해서는 안 된다. 요 몇 년 사이에 불법에 일종의 장사꾼 무리들이 있어서 곳곳에서 한 무더기 혹은 한 짐의 상사선(相似禪)을 배우고 있다. 이따금 종사(宗師)가 경솔하게 눈감아주기라도 하면 드디어 메아리같이 헛된 것을 이어받고는 서로 번갈아 인가해 주며 뒷사람을 속인다. 그리하여 빠른 종지의 맛이 싱겁고 오로지 곧장 가르쳐서 전하는 가풍이 거의 사라질 지경에 처하게 되었다. 자세히 살피지 않을 수 없느니라.

오조(五祖) 스님이 말하길 "참으로 걱정되는 것은 한 선당(禪堂)에서 공부하는 수백 명의 납자 가운데 한 번 하안거를 지내면서 '개에게는 불성이 없다'는 화두를 뚫고 나간 사람이 한 명도 없어서 장차 불법이 사라지지 않을까 하는 것이다."라고 하셨다. 그대는 법을 책임지는 종사가 마음 쓰는 모습을 보아라. 어떻게 재산의 많고 적음과 산문의 크고 작음을 중요하게 여긴 적이 있었겠으며, 쌀과 소금을 챙기는 사소한 일을 시급하게 여긴 적이 있었겠느냐?

그대는 이미 세상에 나와 선지식(善知識)이라는 이름을 떠맡았으니 마땅히 변함없이 본분의 일을 가지고 찾아오는 사람들을 맞이해야 한다. 절의 사무와 재산은 사람의 도리를 잘 아는 지사(知事)들에게 맡겨 사(司)와 국(局)을 나누어 각각 담당하게 하고, 때때로 큰 원칙만 일러주어라.

납자가 방장실로 찾아오면 확실히 칼질을 하되, 함께 부여잡고 진흙탕으로 들어가고 물에 빠지는 짓거리를 해서는 안 된다. 예컨대 설봉혜공(雪峰慧空) 선사가 이전에 운거산(雲居山) 운문암(雲門菴)에서 나와 머물렀을 때, 나는 그가 자기를 속이지 않는 불법 속의 사람임을 알고서는 본분의 쇠망치를 그에게 주었다. 그는 뒷날 다른 곳에서 스스로 분발하여 대법을 밝히고 이전에 받았던 쇠망치를 일시에 자유롭게 쓸 수 있게 되고서야 비로소 내가 불법에서 인정(人情)을 용납하지 않았음을 알았다.

만약 내가 처음에 그를 위하여 진흙탕으로 들어가고 물에 빠지면서 노파선(老婆禪)을 말하였다면, 그가 안목이 열린 뒤 틀림없이 나를 욕했을 것이다. 그러므로 옛사람들이 말하길 "나는 스승의 도와 덕을 중시하는 것이 아니라 다만 스승께서 나에게 말해주지 않았음을 소중하게 여긴다."고 하였다. 또 "만약 나에게 말씀해 주셨더라면 어찌 오늘과 같은 날이 있었으리오?" 하였으니 바로 이러한 도리이니라.

조주가 말했다.

"만약 내가 사람들의 경계에 맞춰 가르친다면 응당 삼승십이분교(三乘十二分敎)를 갖고 그들을 가르칠 것이다. 그러나 나는 이곳에서 단지 본분사(本分事)를 가지고 사람들을 가르칠 뿐이다. 만약 가르치지 못한다면 그것은 원래 배우는 사람의 근성(根性)이 느리고 둔하기 때문이며 나의 일과는 상관이 없다."[138]

다시 보기

방장(方丈)이란 불교에 관한 지식과 덕행이 뛰어나 남의 본보기가 될 만한 스님을 지칭하는 것으로, 성천규(聖泉珪) 화상이 납자를 지도할 만한 위치에 있음을 나타낸다. 남을 가르치는 정도의 경

---

138) 고산체장로(鼓山逮長老)에 대한 답서(65).

계가 되려면 섣불리 너무 친절하거나 자세하게 지도를 하는 것은 오히려 납자들을 구렁텅이로 몰아넣을 뿐 아니라 자기의 살림살이마저 잃어버리는 결과를 초래한다는 점을 일깨우고 있다.

초기 선종 시기에는 선사들이 율종(律宗)에 의탁하여 수행을 이어왔다고 한다. 백장 스님 이후 선원의 청규 등이 이루어지면서 점차 선종의 사찰이 나타나고 선종이 독자적이 산문을 형성하게 되었다. 이후 선종에도 종풍에 따라 5가 7종의 종문이 생기게 되고, 특성이 다른 가르침과 수행들이 나타나기 시작하였다. 하나의 종지를 세우고 제자들을 지도하는 것에도 선종만의 특성이 있다. 특히 선종에서 중시하는 제자를 가르치고 깨달음으로 인도하는 일은 중요한 일이 아닐 수 없다. 서장의 마지막 2편의 서신은 이러한 종사의 책임을 맡은 지도자 스님들에게 문중의 정신을 이어서 근본사(根本事)에 충실하게 지도할 것을 전한다.

선사들의 제자들을 위한 교육방법은 때로는 직접적이고 거칠기도 하지만 알고 보면 나름대로의 교육적인 방편들이 활용되었다. 임제의현(臨濟義玄) 스님은 선을 지도하는 사람과 배우는 사람의 관계를 네 종류 즉, 사빈주(四賓主)로 나누어 설명했다. 주간빈(主看賓)은 주인이 손님을 잘 간파한다는 의미다. 훌륭한 주인은 손님의 마음을 잘 움직인다. 이것이 안 되면 빈간주(賓看主)가 된다. 오히려 손님이 주인을 간파해서 선문답에서 주인이 주인 노릇을 못하게 되는 경우다. 주간주(主看主)는 주인이 주인 노릇을 하고 손님도 주인이 되어 서로 화통하게 주인과 손님이 주인 노릇을 함께 하는 것을 말한다. 빈간빈(賓看賓)은 주인이 손님이 되어 버리고 손님도 손님이 되어 버려서 서로 엉뚱한 이야기를 하면서 아무 영향을 주지 못하는 만남을 의미한다.

네 가지 가운데 주인으로서 주간빈을 하든가 아니면 정말 훌륭한 손님이 와서 주간주가 되어 자기 역할을 충실히 잘해야 한다고 했다. 함께 진흙탕에 빠지고 물에 빠지는 것은 빈간빈이 되어 버려 모두가 얻을 바가 없게 된다.

또 임제선사는 세 가지 근기에 따라 지도했다. 첫째 중하근기는 그 경계는 빼앗지만 그 법은 빼앗지 않는다. 아직도 경계에 집착함이 있기 때문에 이에 맞는 법을 적용한다. 둘째 중상근기는 경계와 법을 모두 빼앗는다. 이미 경계에 대한 집착이 엷어졌기에 경계와 법이 없어도 된다. 셋째 상상근기는 경계와 법과 사람을 모두 빼앗는다. 이미 스스로 공함을 알기에 모두를 빼앗아도 부족함이 없다. 그러나 이러한 모든 격식에서 벗어난 자들에게는 온통 함께 행동할 뿐 격식을 따지지 않는다고 하였다.

종사가 여러 인연이 익어서 새로운 깃발을 세우고 제자를 가르치는 것은 작은 일이 아니다. 부처님의 지혜를 이어 가르침을 펼치고 중생을 구제하는 방편행의 시작이다. 그러나 중생이 원하는 것은 방편이 아니다. 중생이 원하는 것도 깨달음이다. 깨달음이 없이는 구제도 불가능하기 때문이다. 근본이 없는 방편은 가식이다. 항상 근본사에 충실하라는 의미이다. 근본에 충실할 때에 방편이 빛난다. 사찰을 운영하기 위한 사찰이 되어서는 안 된다. 사찰이 본분사에 충실하면 스스로 역사에 빛난다.

禪

IV

선공부와 깨달음

천지에 앞서 한 물건이 있으니

형체도 없고 본래 적적하고 고요하다

사시사철 바뀌어도 시들지도 않으니

능히 온갖 사물과 형상의 주인이 되리라

有物先天地

無形本寂蓼

不逐四時凋

能爲萬像主

「부대사(傅大士) 게송(偈頌)」

깨달음이란?

들어가며

위없이 바르고 평등한 깨달음[무상정등정각(無上正等正覺)]이라니! 참 아득하고 먼 일이다. 깨달음이라는 요원한 표지판은 더없이 우리를 불만족스럽게 한다. 그런데 선문(禪門) 안에서는 선재 동자의 긴 구도 행각이 손가락 한 번 튕기는 사이 문수의 지혜칼날에 박살나듯, 우리의 미몽을 단박에 해결해 준다.

지난밤 달나라를 가려고 우주정거장에서 한참을 기다리다가 아침에 깨어났다 해보자. 눈을 뜨면 꿈속 일은 먼지 티끌도 하나 없이 사라진다. 그렇다면 이 꿈속 일은 진짜 없는 일인가? 분명 꿈이 생생하여서 말은 하고 싶은데, 꼭 합당한 말로 드러나지 않으니, 벙어리처럼 참으로 답답할 뿐이다. 어떠한가? 지금 우리 또 바른 깨달음이라는 꿈을 다시 꾸고 있지는 않는지? 대혜 스님의 편지 말씀을 경청(敬聽)해 보자.

서장 내용

참다운 적멸을 실현하고자 하면 활활 타오르는 생멸(生滅) 속에서 문득 한 번 뛰쳐나와야 한다. 그래야 털끝 하나 움직이지 않고 긴 강을 저어 곧장 제호(醍醐)를 만들고, 대지를 황금으로 바꾼다. 때에 따라 놓고 붙잡고 죽이고 살림이 자유로워 자기와 남을 이롭게 하여 베풀지 못할 일이 없다. (……) 크게 깨달으면 가슴속 밝음이 수십만 개의 해와 달이 하늘에 떠있는 것 같아 시방세계가 한순간에 밝아져 털끝만큼 딴 생각이 없다. 이러한 때에야 비로소 마지막 진실과 딱 들어맞는다. 진실로 이와 같을 수 있다면 어찌 삶과 죽음을 벗어나는 길 위에서만 힘을 얻겠는가?[139]

믿음을 갖추고 바른 뜻을 세웠으니 이게 바로 부처가 되고 조사가 되는 바탕이다. 이 때문에 그대의 도호(道號)를 담연(湛然)이라고 지었다. 마치 물이 맑아 흔들림이 없으면 텅 비고 밝아서 저절로 비추는 것처럼 마음을 수고롭게 할 게 없다.

조사께서 말씀하셨다.

"마음을 갖고 분별하고 헤아리기만 하면 자기 마음에 나타나는 것들이 모두 꿈이다."

---

[139] 부추밀(富樞密) 계신(季申)에 대한 답서(14-2).

만약 마음과 의식이 사라져 생각을 움직일 곳이 하나도 없으면 이것을 일컬어 바른 깨달음이라고 한다. 깨달음이 바르면 24시간 속에 색(色)을 보고 소리를 듣고 냄새를 맡고 맛을 보고 촉감을 느끼고 생각으로 아는 것과, 가고·머물고·앉고·눕는 것과, 말하고·침묵하고·움직이고·고요한 것들이 모두 담연치 않음이 없다. 또 스스로 헛된 망상을 만들지 않아서 생각이 있거나 없거나 모두 깨끗하다. 이미 깨끗하다면 움직일 때는 담연의 작용이 드러나고 움직이지 않을 때는 담연의 바탕으로 돌아간다. 바탕과 작용이 비록 다르지만 담연은 하나이다. 마치 전단나무를 쪼개어도 조각조각 모두 전단나무인 것과 같다.[140]

일상생활 속에서 "개에게는 불성이 없다."라는 화두와 하나가 되는가? 움직임과 고요함의 양쪽에서 분별하지 않을 수 있는가? 꿈꿀 때와 깨어 있을 때가 같은가? 이치와 사실이 일치하는가? 마음과 경계가 한결같은가?

방 거사(龐居士)가 말했다.

　　"마음도 한결같고 경계도 한결같으며, 참됨도 헛됨도 없다. 있음에
　　도 상관치 않고 없음에도 매이지 않는다. 성인 현자가 아니라 일 마친
　　범부(凡夫)다."

---

140) 허사리(許司理) 수원(壽源)에 대한 답서(21-1).

진실로 일 마친 범부가 되었다면 석가와 달마는 무엇인가? 진흙 뭉치, 흙덩이다. 삼승(三乘)과 12분교(十二分教)도 뜨거운 그릇에 찬물 붓는 소리다.[141]

온갖 뛰어나고 묘한 경계가 앞에 나타나도 마음이 늘 놀라거나 이상하게 여기지 않는다. 온갖 악업의 경계가 앞에 나타나도 마음에 두려움이 없다. 그리하여 매일 살아가면서 인연 따라 비우며 본성 따라 자유롭게 즐긴다. 이러한 곳에 도달하여야 비로소 천당도 없고 지옥도 없다는 등을 말할 수 있다.[142]

화복(禍福)을 만났을 때 마치 정제한 금이 불에 들어가서 더욱 밝은 빛을 드러내는 것과 같다.[143]

매일 딴생각하지 말고 "똥 닦는 막대기"를 생각하되 언제 깨달을 것인가는 묻지 말라. 깨달을 때는 정해진 시간이 없고 사람을 놀라게 하지도 않는다. 즉시 고요해져서 저절로 부처와 조사도 의심하지 않고, 삶과 죽음도 의심하지 않는다. 의심 없는 곳에 이르는 것이 바로 부처의 지위다. 부처의 지위는 본래 의심과 깨달음과 어리석음도 없고, 삶과 죽음도 없다. '있음'과 '없음', 열반과 반야, 부처와 중생도 없다. 이렇게 말하는 자도 없다. 이 말을 받아들

141) 유보학(劉寶學) 언수(彥修)에 대한 답서(22).
142) 장제형(張堤刑) 양숙(暘叔)에 대한 답서(27).
143) 이참정(李參政) 태발(泰發)에 대한 답서(39).

이지 않고, 받아들이지 않는 자도 없다. 받아들이지 않음을 아는 자는 물론 받아들이지 않는다고 이렇게 말하는 자도 없다. 거인(居仁)이 이와 같이 믿을 수 있다면 부처와 조사도 이와 같다. 깨달음과 의심, 삶과 죽음도 이와 같다. 죽은 뒤에 끊어져 사라지거나 사라지지 않음도 이와 같고 모든 것이 이와 같을 뿐이다.[144]

만약 단번에 확 깨달아 버리면 유학(儒學)이 불학(佛學)이고 불학이 유학이다. 승(僧)이 속(俗)이고 속이 승이며, 중생이 부처고, 부처가 중생이다. 내가 그대이고 그대가 나이고 하늘이 땅이고 땅이 곧 하늘이다. 물결이 물이며 물이 곧 물결이다. 우유와 제호를 섞어서 한맛을 이루고, 술병과 그릇과 비녀와 팔찌를 녹여서 하나의 금을 이루는 것이 나에게 있고 남에게 있지 않다. 이런 경지에 이르면 내가 모든 것을 지휘하니 내가 법왕(法王)이다. 법(法)에서 자재(自在)하니 옳고·잃고〔失〕·옳고·그름에 어찌 거리낌과 장애가 있겠는가? 억지로 그렇게 하는 것이 아니라 법이 본래 그렇기 때문이다. 영가현각(永嘉玄覺) 스님이 말씀하신 한 번 뛰어넘어 곧장 여래의 지혜에 들어간다는 것이 바로 이것이다.[145]

깨닫고 나면 진실이라고 여기는 것이 나에게 있고, 진실이 아니라고 여기는 것도 나에게 있다. 마치 물 위에 떠 있는 조롱박이 조

144) 여사인(呂舍人) 거인(居仁)에 대한 답서(35-2).
145) 왕장원(汪狀元) 성석(聖錫)에 대한 답서(36-1).

종하는 사람이 없어도 늘 걸림 없이 닿기만 하면 곧바로 움직이고 누르면 곧바로 빙글빙글 도는 것과 같다. 억지로 그렇게 하는 것이 아니라 법이 그렇기 때문이다.[146]

눈에 응할 때는 마치 천 개의 태양과 같아서 삼라만상이 그 빛에서 벗어날 수 없고, 귀에 응할 때는 마치 깊은 계곡 같아서 크고 작은 소리를 담기에 부족함이 없다. 이것은 남에게 의지해서 찾거나 힘을 빌려서 되는 게 아니고 인연이 응하는 곳에서 저절로 생기 발랄하다.[147]

다시 보기

세상은 있는 그대로일 뿐이다. 우리는 자기 생각, 자기 종자에 묶여서 세상을 제대로 보지 못한다. 번뇌와 집착 때문이다. 오온(五蘊), 18계(界), 삼법인(三法印), 사성제(四聖際), 팔정도(八正道), 12연기(緣起)는 아무리 살펴봐도 세상을 직시(直視)하라는 것이다. 불교의 근본진리는 삼법인이다. 제행무상(諸行無常)은 일체가 항상함이 없다는 것이며, 주변을 둘러보아도 역시 항상한 것은 없다. 제법무아(諸法無我)는 모든 것은 아(我)라는 실체가 없다는

---

146) 왕장원(汪狀元) 성석(聖錫)에 대한 답서(37-2).
147) 영시랑(榮侍郎) 무실(茂實)에 대한 답서(57-1).

것이며, 역시 그러하다. 열반적정(涅槃寂靜)은 번뇌가 다하면 적정하다는 것이며, 역시 그러하다. 있는 그대로 세상을 보면[如實知見] 세상은 조금도 흐트러짐이 없고 여여(如如)하게 있는 그대로 가고 온다.

세상을 있는 그대로 직시하는 것이 불교의 기본적인 입장이다. 아무리 큰 업종자가 있다고 할지라도 이것이 본래로 있는 것이 아니라고 직시를 해버리면 사라진다. 깨달음의 경지에 오면 대지도 황금으로 변한다고 하는데 황금이 다른 것이 아니라 있는 그대로의 적멸이고, 해탈이다.

본래 그러한 적멸과 여여(如如)는 그대로 머물 수가 없다. 여여하기에 거침없이 모든 삼라만상으로 펼쳐진다. 여여한 것이 곧 세상의 본래 모습이다. 바탕과 작용은 선(禪)에서 체(體)와 용(用)이다. 체는 본질이고 용은 활용이다. 체에 치우치면 관념주의자가 되고 용에 치우치며 실용주의자의 성향이 된다. 선의 초창기인 달마 시대를 보면 주로 체를 강조했다. 마음의 체, 본바탕을 깨닫는 것이 중심이었다. 그러다가 위산영우(潙山靈祐: 771~853)와 앙산혜적(仰山慧寂: 815~891) 등의 위앙종(潙仰宗) 선사들은 체(體)보다 용(用)에 비중을 두었다. 체는 보이지 않지만 용은 나타나 보이기에 쉽게 찾아 갈 수 있다. 체와 용의 차이가 그것일 뿐이다. 관념이냐 실용이냐 이 두 가지를 나누는 것은 이분법이지만 결국 그 속은 하나뿐이다.

결국 체와 용은 하나가 돼야 된다. 향나무의 일종인 전단나무를 쪼개도 조각조각이 모두 전단나무인 것과 같다. 체와 용이 다를 수 없다. 유식에서도 체와 용에 대한 논의를 많이 하지만 마음의 본질과 마음의 쓰임은 결국 하나다. 만약 다르다고 하면 번뇌의 힘이 작용 중이어서 그런 것이다.

깨달음에는 성인도 없고 현자도 없다. 깨달았다고 해서 천상에 가는 게 아니다. 어차피 또 밥 먹고·자고·쉬고 하는 것이 본분이다. 마조도일은 일 없는 사람을 무사인(無事人)이라고 했고, 평상심으로 일상과 깨달음의 세계가 둘이 아니라고 강조했다.

우리는 깨달음이라고 하면 석가모니처럼 완전한 지혜를 성취한 자를 연상한다. 반면 선사들의 생각은 달랐다. 선사들은 깨달음을 그냥 있는 바 그대로 알고 실천하는 것이라는 자세를 견지했다. 한 인간으로서 자심(自心)과 대상을 알고, 오고 가는 것에 머물지 아니하고, 자유인으로서 흔들림 없이 여실하게 자기의 삶을 살아가면 족하다고 보았다. 사실 부처님도 그런 사람이었다. 경전에 나타나는 부처님의 위대한 사상은 모두가 바라는 바의 상상일 수 있다. 단지 편견, 집착, 속박, 두려움 없이 있다가 가는 것이 도인이고 깨달은 자의 삶이다. 깨달음에는 수준이나 차이가 있을 수 없다.

그래서 깨달음을 얻었다면 석가도 달마도 필요 없다고 한다. 깨달은 사람의 삶의 태도는 매일 살아가면서 인연 따라 놓아서 비우며 본성 따라 자유롭게 즐긴다.〔日用四威中 隨緣放曠 任性逍遙〕이러한 곳에 도달하여야 비로소 천당도, 지옥 등도 없다고 말할 만하다.〔到得這箇田地 方可說無天堂無地獄等事〕

24시간을 부릴 수 있어야 한다

들어가며

이렇게 시간 이야기를 꺼내려는 지금, 언젠가 들었을 법문 한 구절이 불쑥 생각난다. 불법을 공부한다는 것은 그 공부의 언어 속 개념이나 관념을 뚫고 밖으로 나오는 일이라 하였던가? 익숙하지 않고, 알 듯 말 듯 아리송하기는 하여도 참으로 강력하게 꽂히는 법문이었다. 돌아보니, 모든 공부 여정이 이 개념을 통과하고, 저 관념을 타파하는 그런 여정으로 향해 있었음이다.

선(禪)의 안목은 금강으로 만들어진 개념, 관념의 감옥을 일순간에 허문다. 그리고 간격 없이 그 어디에도 걸리지 않고 확 트인 명백함 앞에 당도하게 한다. 24시간이라는 개념을 빛처럼 투과해 지나가 보라. '부릴 수 있다'는 관념의 밖으로 나와 보라. 그럼 '24시간' 아니라 영구한 세월 속 당당한 주인이 된다고 하지 않는가? 우리 지금 어떠한가? 대혜 스님의 편지 말씀을 경청(敬聽)해 보자.

서장 내용

조주 스님이 말했다.

> "여러분들은 24시간에 부림을 당하지만 나는 24시간 부릴 수 있다."[148]

서암(瑞巖) 스님은 방장실에 있으면서 늘 스스로 "주인공아!" 하고 부르고는 "예." 하고 답하고, 다시 스스로 "뒷날 다른 때에 남에게 속지 마라."라고 하고, "예, 예." 하고 답하곤 했다.

이렇게 자신에게 느긋하게 일깨워라. 이렇게 일깨우는 사람 역시 다른 사람이 아니라 단지 어둡고 우둔함을 알 수 있는 사람일 뿐이다.

장사(長沙) 스님이 말했다.

> "도를 배우는 사람이 진실을 알지 못하는 것은 지금까지 분별심을 인정했기 때문이다. 분별심은 무한한 세월 동안 생사의 뿌리가 되는데도 어리석은 사람은 본래의 자기라고 여긴다."[149]

온갖 법을 성취하고 온갖 법을 파괴하는 것이 모두 나에게서 비

---

148) 왕장원(汪狀元) 성석(聖錫)에 대한 답서(37-2).
149) 이보문(李寶文) 무가(茂嘉)에 대한 답서(45).

롯된다.[150]

다만 자기가 주인공임을 믿을 수만 있다면 여러 가지를 고민할 필요가 전혀 없다.

앙산(仰山) 스님에게 사애(思隘) 스님이 물었다.

"선종은 문득 깨닫는다고 하는데 깨달음에 들어가는 뜻이 어떤 것입니까?"

"이 뜻은 지극히 어렵다. 만약 조사 문하의 상근기로서 지혜가 뛰어난 자라면 한마디 듣고서 천 가지를 깨달아 대총지(大摠持)를 얻겠지만 이러한 경계의 사람은 찾기 어렵다. 근기가 미약하고 지혜가 뒤떨어지기 때문에 옛 스님이 말하기를 '만약 선정에 들어 생각을 고요히 하지 않으면 여기에 이르러 모두 어쩔 줄 모른다' 라고 하였던 것이다."

이에 사애 스님이 말했다.

"이러한 격식 밖에 또 학인으로 하여금 깨달음에 들어갈 수 있는 방법은 따로 없습니까?"

앙산 스님이 말했다.

"따로 있니 따로 없니 하는 것이 그대의 마음을 불안하게 만든다. 내가 이제 그대에게 묻겠다. 그대는 어느 곳 사람인가?"

"유주(幽州) 사람입니다."

"그곳의 누대(樓臺)와 정원에 사람과 말들이 가득 늘어서 있다. 이

---

150) 장제형(張堤刑) 양숙(暘叔)에 대한 답서(27).

제 그대가 돌이켜 생각한다면 생각 속에도 그런 여러 가지 것들이 있는가?"

"생각 속에는 아무것도 볼 수 없습니다."

"그대의 이해는 여전히 경계(境界)에 있으니, 신위(信位)에는 해당되지만 인위(人位)에는 해당되지 않는다."

인위는 왕언장(汪彦章)의 본래면목이요, 신위는 근성이 열등함을 알고 들어갈 곳을 찾는 것이다. 만약 화두를 자신에게 일깨워 주는 바로 그때 일깨워 주는 사람을 돌이켜 생각해 본다면 왕언장이 아니겠는가? 여기에 이르면 털끝 하나만큼의 틈도 용납하지 않는다. 만약 우두커니 생각하면서 꼼짝 않고 있다면 그림자에 속는다. 부디 영리하게 주의하고 결코 소홀하지 말라.[151]

다시 보기

24시간 부리는 주체적인 주인공이 되라는 말이다. 우리는 시간에 맞춰서 사는데 시간을 스스로 만들어가면서 살라는 것이다. 시간도 결국은 마음이다. 시간과 공간의 제약이 없는 것이 본래 법이다. 도에 마음이 닿아 있으면 부림을 당하지 않고 오히려 시간과 공간을 부리면서 살 수 있다. 임제의현(臨濟義玄) 스님도 수처작

---

151) 왕내한(汪內翰) 언장(彦章)에 대한 답서(29-2).

주(隨處作主) 입처개진(立處皆眞) 즉, 어디에 머무르든 주인공이 되면 서 있는 그곳이 바로 참되다고 했다. 여기서 말하는 본래의 자기는 이런 분별심으로 뭉쳐지지 않는 그런 본심의 모습이다. 우둔한 자기라고 하는 것을 살펴보면 자기의 본성을 진심으로 알게 될 것이다. 뭐든지 내가 생각하는 것 하나를 집중 탐구하다 보면 나중에 그것이 모두 허망하고 껍데기라는 걸 알게 된다. 그렇게 되면 그 본래의 본심을 스스로가 알게 될 것이다.

쉽게 말하면 "내가 왜 이렇게 열등하지?"라는 생각을 치밀하게 파고 들어가다 보면 "열등한 나는 누구지? 나는 뭘까?"라는 나라고 하는 문제로 들어갈 것이고, 그 마지막으로 들어가면 열등한 나는 다 껍데기 같은 나임을 알고 본래의 나에 대한 마음을 드러낼 수 있다.

이 주인공이 바로 불성이다. 그러니까 둘 다 왕언장인데 자기 자신을 열등하게 생각을 하는 것이다. 자기가 자기를 모른다고 열등하게 스스로 비하하는 것이다. 그림자에 속는다는 것은 공심을 놓쳐버리고 내 습관에 의해서 나와 이 세상을 들여다보는 것이다. 그렇게 하면 그것은 진짜의 모습이 아니고 그림자에 불과한 허망한 모습에 집착을 하는 것이기 때문에 결국 그림자에 속는 것이다. 진짜는 그림자가 없는 것이다. 딱 들어맞아 나라고 하는 그것 하나밖에 없는 그것이 주인공이다. 그러니까 내 이름이 뭐고 어디에 사느냐 하는 것은 다 그림자이다. 나라고 하는 딱 그것, 나의 본심, 그것이 바로 나의 주인공이다.

24시간 주인공이라면 24시간을 마음대로 부릴 수 있다.

업을 짓지 않는 것이 대열반이다

들어가며

우리는 흔히 어떤 대상을 만나면 금방 헤아려 알려고 한다. 알지 못하는 것은 우리를 공포에 떨게 한다. 알지 못하는 우리들의 불확실한 미래는 얼마나 두려운 일인가. 그만큼 우리는 알려고 하는 업에서 자유롭지 못하다. 지금 이 순간도 눈앞에 '업(業)', '대열반' 등등의 문자가 나타나니, 문장 속에서 확실하게 이해하려 무진 애를 쓰고 있다. 정확한 뜻인지 사전까지 찾아가며 고군분투한다.

어떠한가? 바로 이 순간에도 관념의 수레바퀴 속으로 기어들고 있는 일 아니겠는가? 어떻게 하면 이 수레바퀴를 멈추고 이 밖으로 나올 수 있는 것인가?

대열반! 그 얼마나 이상적 경지인가? 또 이런 말들에 우리는 얼마나 많이 속아왔던가? 바로 속아 넘어진 곳, 그곳의 땅을 짚고 일어서라는 천둥 같은 가르침이 들린다. 다름 아닌 바로 지금 이곳이다. 한 번 몸을 돌려 대열반, 대승의 수레바퀴에 올라타고 싶지 않은가? 대혜 스님의 편지 말씀을 경청(敬聽)해 보자.

서장 내용

부처님께서는 큰 성인으로서 모든 상(相)을 비우고 만법의 지혜를 이룰 수 있지만 정해진 업을 곧장 없애지는 못하셨다. 하물며 열등한 범부가 어찌 정해진 업을 없앨 수 있겠는가?[152]

석가세존께서 말씀하셨다.

"모든 업이 마음으로부터 생겨나는 까닭에 마음은 환상과 같다고 말한다. 만약 이러한 분별을 벗어난다면 육도윤회는 사라질 것이다."

어떤 스님이 대주 스님에게 물었다.

"어떤 것이 대열반입니까?"
대주스님이 말했다.
"삶과 죽음에 얽매이는 업을 짓지 않는 것이 대열반이다."
그 스님이 물었다.

---

152) 유시랑(劉侍郎) 계고(季高)에 대한 답서(43-2).

"무엇이 삶과 죽음에 얽매이는 일입니까?"

대주 스님이 말했다.

"대열반을 구하는 것이 바로 삶과 죽음에 얽매이는 업이다."

옛 스님이 말했다.

"도를 배우는 사람이 한순간이라도 삶과 죽음을 헤아리면 곧 마도(魔道)에 떨어지고, 한순간이라도 여러 견해를 일으키면 곧 외도(外道)에 떨어진다."

유마거사가 말했다.

"여러 마구니는 삶과 죽음을 좋아하지만 보살은 삶과 죽음을 버리지 않는다. 외도는 여러 견해를 좋아하지만 보살은 어떤 견해에도 흔들리지 않는다." 153)

중생에게는 광란(狂亂)이 병이므로 부처님이 적정바라밀(寂靜婆羅密)이라는 약으로써 그것을 치료한다. 병이 사라졌는데 약을 그대로 쓴다면 그러한 병은 더 큰 병이다. 하나는 집어 들고 하나는 내려놓으니 어느 때에 끝마치겠는가? 삶과 죽음의 문제가 다가오면 고요함과 시끄러움이라는 양쪽은 전혀 쓸모가 없다. 시끄러

---

153) 부추밀(富樞密) 계신(季申)에 대한 답서(13-1).

운 곳에서는 잃는 것이 많고 고요한 곳에서는 잃는 것이 적다고 말하지 말라. 적음과 많음, 얻음과 잃음, 고요함과 시끄러움은 한 꾸러미로 묶어서 다른 세계로 보내버리는 게 낫다. 일상생활 속에서 많음도, 적음도 아니며 고요함도, 시끄러움도 아니며, 얻음도, 잃음도 아닌 바로 그곳에서 "무엇인가?" 하고 자신을 일깨워 보라. 무상한 세월은 빨라서 일생이 손가락 한 번 튕기는 사이에 지나가 버린다. 다시 무슨 쓸데없는 공부로써 얻음과 잃음을 이해하며 고요함과 시끄러움을 이해하며 많고 적음을 이해하며 생각 잊어버림과 마음잡고 있음을 이해하겠는가?[154]

다시 보기

부처님의 일생도 업(業)에서 자유롭지 못했다. 업은 마음이고 종자이다. 마음과 종자가 없이 무슨 업이 있는가? 이 마음 자체가 환상이므로 윤회하는 주체도 없어질 것이다. 많은 사람들이 두 가지 질문을 한다. 첫째는 지금 내가 이렇게 어렵게 살고 있는 것이 전생의 업 때문인가? 둘째는 이렇게 살면 앞으로도 내가 또 이렇게 살아야 되는가?

전생의 업 때문에 이렇게 살 수도 있지만 전생 업만 있어서 그럴까? 업은 무기(無記)이다. 업, 즉 아뢰야식의 종자는 번뇌도 아

---

154) 유통판(劉通判) 언충(彦沖)에 대한 답서(23).

니고, 선도 악도 아닌 무부무기(無覆無記)이다. 종자는 스스로 선과 악을 구분할 수 없다. 스스로 동력이 없어서 움직일 수도 없다. 제7식의 근본 번뇌의 동력과 제6식의 알음알이가 알아서 결정하고 판단하고 업을 짓고 받는다. 종자보다도 그 종자를 어떻게 쓰느냐에 따라서 즉, 자기 노력이 좌우한다는 것이다. 이것이 불교이다.

앞날의 일도 마찬가지다. 종자를 다 잊어버리고 새 종자를 가지고 새롭게 산다고 생각하면 된다. 첫째 질문처럼 과거 업력 때문에 여기에 왔으니까 내가 어쩔 수 없이 이렇게 살아야 되지 않느냐고 하면 앞으로의 인생도 똑같이 지금처럼 힘들 것이다.

그동안 사람들은 업력 종자 때문에 그렇다고 받아들이면서 쉽게 자신의 인생을 판단하는 위로를 받았다. 불교가 마음, 윤회, 업을 강조하면서 인도의 힌두교처럼 고귀한 인생을 그냥 어쩔 수 없는 숙명으로 생각하는데, 불교는 숙명하고는 전혀 관계가 없다. 미래의 일도 마찬가지이다. 종자는 그대로 유지되지 않는다. 끊임없이 현재 행위에 의하여 새롭게 종자가 만들어진다.〔種子生種子〕

불교에서 업(業)의 본래 의미는 자기 주도적이고, 자기 인생의 책임 있는 주인공이 되라는 것이다. 지난 일에도 머물지 않고, 현재 일에도 머물지 않으며, 앞으로의 일에도 머물지 않는다면 업이 머물 곳이 어디에 있는가? 불교의 업설(業說)은 새로운 가능성이 충분히 열려 있음을 각성하는 것을 중시한다는 점에서 대부분의 종교와 그 성격이 다르다.

적멸하되 적멸에 머물지 않는다

들어가며

그 언젠가 '열반', '적멸'과 같은 일은 뛰어난 수행자들만 마침 내 도달할 수 있는 특별한 경지로 이해되던 때가 있었다. 선의 안목에서는 이 말들은 단지 지금 여기, 이 일을 가리키는 하나의 손가락에 지나지 않는다. 선가에서 자주 사용하는 말 가운데 본유금유(本有今有)라는 말이 있다. 본래 있는 것이 지금 있다는 의미다. 이렇게 말하고 나면 우리는 쉽게 이해로 돌아간다. 공부 길에서 수없이 넘어진 곳이 이런 곳이다. 이해 속에서는 우리들 진실이 살아서 드러나지 않는다.

본래 있었고 지금도 있는 한결같은 이것은 무엇인가? 이 질문의 당처(當處) 여기로 돌아와 보자. 끊임없이 불꽃처럼 활활 타오르면서도 아무 일도 없는, 머물 수도 없는 적멸의 본바탕이 이렇게 있지 않은가? 우리 지금 어떠한가? 대혜 스님의 편지 말씀을 경청(敬聽)해 보자.

서장 내용

모든 것이 끊어진 적멸은 끝이 아니다. 이 불가사의한 적멸은 전후좌우와 위아래의 테두리가 없다.

앞뒤의 시간이 끊어지면 마음속 알음알이의 길은 저절로 끊어진다. 만약 마음속 알음알이의 길이 끊어지면 어떤 일을 말하더라도 모두가 이 법(法)이다. 이 법이 분명한 것이 바로 불가사의(不可思議)한 대해탈의 경계이다. 이 대해탈의 경계 또한 불가사의하고 이 경계가 불가사의하다면 온갖 비유 또한 불가사의하다. 여러 가지 일 또한 불가사의하며 불가사의한 것 또한 불가사의하다. 지금 이 말도 발붙일 곳이 없고 이 발붙일 곳 없는 것 또한 불가사의하다. 이와 같이 펼쳐 마지막까지 따져 나가면 사실이든 진리든 비유든 경계든 마치 고리가 끝없듯이 시작하는 곳도, 끝나는 곳도 없이 모두가 불가사의한 법이다.

그러므로 말하였다.

> "보살이 머무는 것은 불가사의하나, 그 가운데 생각하여 헤아림이 끝이 없다. 이 불가사의한 곳에 들어가면 생각하여 헤아림과 생각하여 헤아리지 않음이 모두 적멸한다."

그러나 적멸한 곳에 머물러서는 안 된다. 만약 적멸한 곳에 머문다면 법계(法界)의 테두리 안에 갇히게 된다. 교(敎)에서 법진번뇌(法塵煩惱)라고 하는 것이 바로 이 말이다.

　법계의 테두리를 없애고 온갖 뛰어난 것들을 일시에 쓸어버려라. 그러면 비로소 "뜰 앞에 측백나무", "삼 서 근", "똥 닦는 막대기", "개에게는 불성이 없다.", "한입에 서강(西江)의 물을 다 마신다.", "동산이 물 위로 간다." 등의 부류를 살펴보기 좋게 된다. 문득 한마디 말해서 뚫고 지나가면 마침내 '테두리 없는 법계를 깨달음으로 돌린다' 라고 할 수 있다.[155]

다시 보기

　마지막 이 한 소식은 정신적으로 크게 한 번 죽어서 모든 것을 다 끊어버린 연후에야 새롭게 태어난다.〔大死一番 絶後蘇生〕큰 깨달음의 정신적인 표현이다. 큰 깨달음은 비유하면 죽음과 같다.

　석상(石霜) 화상이 말했다.

　"백 척 장대 끝에서 어떻게 한 걸음을 내딛는가?"

　다시 옛 스님이 말했다.

---

155) 장제형(張堤刑) 양숙(暘叔)에 대한 답서(27).

"백 척 장대 끝에 앉은 사람은 비록 도에는 들어왔으나 아직 참되지는 않다. 백 척 장대 끝에서 모름지기 한 걸음 내디뎌야 온 우주에 온 몸을 드러내느니라."

지금까지의 자신이 사라지고 새로운 자신으로 거듭 태어나는 일이다. 우리들이 살아가고 있는 모습의 근원에는 그런 비슷한 마음이 자리 잡고 있다. 근원적인 마음이 바뀌지 않고는 쉽게 살아가는 모습이 변하지 않는다. 깨달음의 문턱에서는 마음으로부터의 큰 변혁과 삶의 새로운 힘이 약동한다. 훈습에 의한 지속적인 삶의 연속을 단절하기 위해서는 아뢰야식이 한 번 끊어져야 한다. 아뢰야식이 끊어진다는 것은 번뇌장(煩惱藏)이 소멸되고 아집(我執)이 끝나는 곳이다. 아집이 한 번 완전하게 끝나야 아(我)에 대한 집착이 사라지고, 무아(無我)를 증득하게 된다. 생명이 끊어질 정도로 아뢰야식이 한 번 끊어져야 비로소 아공(我空), 법공(法空), 여래(如來)의 자리를 체득할 수 있는 가능성이 있다.

우리들의 인식 구조를 삼성(三性)이라 하고, 변계소집성(遍界所執性), 의타기성(依他起性), 원성실성(圓成實性)으로 나눈다. 변계소집성은 대상에 대한 집착으로 대상의 상(相)이 있다고 판단한다. 의타기성은 대상이 모두 인연에 의지하여 생(生) 하는 것을 말한다. 그리고 원성실성은 이러한 연기의 도리에 대한 밝은 지혜를 얻어, 변계소집성의 번뇌를 떠난 승의(勝義)를 말한다. 그러나 본래 변계소집성에 의한 상(相)은 허망하여 없기에 상무성(相無性)이며, 의타기성의 연기(緣起)에 의하여 생하는 것도 없는 생무성

(生無性)이며, 원성실성의 승의도 모든 것을 떠나기에 승의무성
(勝義無性)이다. 이것을 삼무성(三無性)이라 한다. 본성의 자리는
이곳이다.

본성의 뿌리는 모든 성품들이 한 자리이기 때문에 본지풍광(本
地風光)이라고 한다. 그 자리에 뚜렷하게 닿아야 서강의 물을 다
마실 수 있다. 모두가 불가사의한 법이다.

진실한 본바탕에는 어떤 것도 없다

들어가며

'진실한 본바탕에는 어떤 것도 없다'고 하는 글에 접속되는 지금 이 순간, 우리 어떠한가? 선의 안목은 늘 지금 이때다. 다른 때는 없다. 다른 때가 없으니 다른 곳도 없다. 이렇게 시간과 공간이 사라진 지금 여기! 선가의 그 모든 방편의 일은 모두 다 이곳으로 안내하는 내비게이션임을 실감한다. 안내를 받아 도착한 여기 무엇이 있는가? 이때 그 옛 선사들은 주장자를 들어 올리며 '무엇이 보이는가?' 하며 물었다 하지 않던가?

개구즉착(開口卽錯)! 입을 열면, 어긋난다. 움직이면 끝도 없는 미혹 속으로 흘러든다. 헛것들에 부지기로 속는 지점이다. 속는다는 말에 또 속고 있는 지금 누가 있어 속고 있는가? 그 어떤 것도 없다 하는데, 이렇게 이러니저러니 분별하는 이 생생함은 대체 또 무엇이란 말인가? 대혜 스님의 편지 말씀을 경청(敬聽)해 보자.

서장 내용

일상생활 속에서 "그 성질 자체를 도려내고 그 주변에 원인을 제거하고 그 현업(現業)에서 벗어난다."고 하신 부처님의 말씀에 의탁해야 한다. 이것이 바로 일 마친 대장부의 방편 없는 중의 참된 방편이다. 닦아 깨달음 없는 가운데 제대로 닦은 깨달음이며, 취함과 버림 없는 가운데 제대로 된 취함과 버림이다. 옛 스님은 "피부가 모두 떨어져 나가고 오직 하나의 진실만 있다."라고 하였다. 마치 전단나무의 무성한 가지가 모두 떨어져 나가면 오직 참전단만 남는 것과 같다. 이것이 현업(現業)에서 벗어나고 주변의 간접적인 원인을 제거하고, 그 자체를 도려내는 일의 지극함이다.[156)

깨끗한 마니주(摩尼珠)가 진흙탕 속에 아무리 오래 놓여있은들 때가 끼지 않는 것은 그 바탕이 본래 깨끗하기 때문이다. 이 마음은 어리석을 때는 잡다하고 피곤한 경계에 속아서 물들지만 이 마음의 바탕은 마치 연꽃이 물에 젖지 않는 것처럼 원래 물들지 않는다. 문득 자기의 마음을 깨닫는다면 이 마음은 본래 깨달아 있고 완전히 자유롭다. 자유로운 그대로의 안락함과 온갖 종류의 미묘한 작용들 또한 밖에서 오는 것이 아니다. 본래 스스로 갖추고 있기 때문이다.

---

156) 이참정(李參政) 한로(漢老)에 대한 답서(11-2).

부처님께서 말씀하셨다.

"위없이 평등하고 바른 깨달음이라고 부를만한 정해진 법은 없고,
또 여래께서 말씀하실 만한 정해진 법은 존재하지 않는다."

만약 본바탕만 확실히 한다면 실제로 이런 일이 있다는 것마저
옳지 않다.[157]

부처님이 말씀하셨다.

"마음이 있는 자는 모두 부처가 될 수 있다."

이 마음은 세간을 잡다하고 피곤하게 망상하는 마음이 아니라
위없는 큰 깨달음을 이루는 마음을 일컫는다. 만약 이 마음이 있으
면 깨달음을 이루지 못할 사람이 없다.[158]

방 거사가 송(訟)하였다.

"매일의 생활에 다른 일이 없고 오직 나 스스로 내키는 대로 어울린
다. 한 물건도 취하거나 버리지 않고 곳곳에서 어긋남이 없다. 붉은빛

---

157) 진소경(陣少卿) 계임(季任)에 대한 답서(17-1).
158) 조대제(趙待制) 도부(道夫)에 대한 답서(19).

과 보랏빛을 누가 이름을 지었는가? 언덕과 산에는 티끌 한 점 없구나. 신통과 묘용이 물 긷고 나무 나르는 것이로다." [159]

다시 보기

대상의 성질은 자성(自性)인데 자성은 본래 없다. 자성이 없기에 대상을 있게 하는 원인도 없다. 이것을 밝게 보면 그와 관련된 현재 일어나는 업에서 벗어난다. 그래서 대상을 본래 청정심으로 있는 그대로 보는 것이다. 밝혀보면 모두 자성이 없고, 집착할 바가 없기 때문에 모든 죄업에서 벗어날 수 있다.

집착을 떠나게 되면 취하고 버리는 것도 취하고 버리는 것이 아니다. 피부가 모두 떨어져 나가고 오직 하나의 진실만이 남아 있다는 것은 빨간 피부에 걸치지 않는 육신 즉, 적육단신(赤肉單身)을 말한다. 모든 거짓이 다 떨어져 나간 본래의 그 모습, 있는 그대로의 모습인 본성을 말한다.

선의 뿌리는 『능가경』이고 『능가경』은 여래장(如來藏) 사상이다. 여래장 안에는 여래심(如來心)과 중생심(衆生心)이 있다. 이것이 나중에 『대승기신론』으로 가면서 일심이문(一心二門), 즉 여래문과 중생문인 진여문(眞如門)과 생멸문(生滅門)이 된다. 진여문은 해탈과 열반의 문이고, 생멸문은 생사와 집착의 중생문이다. 이

---

159) 진소경(陣少卿) 계임(季任)에 대한 답서(18-2).

두 가지를 아우르는 것이 여래장설이다. 『대승기신론』도 여래장경 계통이다.

여래문은 안에 숨어 있고 중생문은 바깥에 덮여있다. 제8식인 아뢰야식까지는 중생심이다. 제9식인 무구정식(無垢淨識)이 있고 여래성(如來性)이 있다고도 한다. 실제로 따져 들어가면 여래라고 할 만한 성품은 없다. 우리의 청정한 자성 그 자체가 때 묻지 않는 마음인 여래문이다. 때가 묻어 있는 것이 바깥에 있는 중생의 번뇌이다. 여래장이라는 것은 실제로 번뇌는 없고 자성청정(自性淸淨)한 여래만 있다는 것이다. 다른 말로 하면 공심(空心)이다. 마음은 원래 공하므로 공한 용도로 쓰면 되는데 이것이 번뇌 망상으로 쓰이니까 집착을 하게 되고 중생이 된다.

여래장이 불교 교리가 아니라는 주장도 있었다. 여래장설을 잘못 이해하면 오해를 한다. 왜냐하면 여래의 불성이 있다고 하니까, 불교는 뭐가 '있다'고 하면 안 된다는 것이다. 불교는 '없다'고 해야 하는데 여래가 '있다'고 하면 안 된다는 것이다. 하지만 이것은 공성을 말한다.

여래가 '있다'는 것은 결국 '없다'는 이야기와 같다. 불교의 근본 취지를 넘어서지 않았는데 그것을 이해하는 사람들이 일체 중생은 불성이 '있다'고 하니까 자꾸 뭐가 있는 것처럼 생각하는데 공성이 '있다'는 것이므로 결국 이것은 '없다'는 말과 똑같다. '없다'는 것은 다른 말로 '공성이 있다'는 말이다. 즉, 없음이 있다는 말이다.

공성과 여래성은 같다. 없는 것은 객진번뇌(客塵煩惱)와 중생심이다. 선에서는 버리기만 하면 바로 얻는다는 것이지 버리고 얻는 것이 따로 있는 것이 아니다. 다시 말하면 여래장의 본뜻은 '있다'는 게 아니고 공심 즉, 없는 본바탕인 공의 묘용을 이야기하는 것이다. 그러므로 실제로 있는 것은 텅 빈 바탕일 뿐이다. 우리 마음은 살아가면서 훈습에 의해 새로운 번뇌로 덮여지니 중생인 것이다. 하지만 본질은 둘로 나눌 것이 없는 여래다. 모두 일심(一心)에서 나온 것이므로 그것을 이문(二門)으로 나눌 이유가 없다. 설명하기 위해서 그렇게 나눴다. 여래장 사상은 선에서 더 잘 설명하고 있다. 여래라고 하는 것은 자성이고 자성은 본성이고 본성밖에 없다. 이것이 선가의 마음에 대한 해석이다.

한 소식한 선사들의 이야기는 공통점이 있다. 즉, 정말 놀랍고 신비롭고 환희롭다. '어쩌면 이런 세계가 있느냐. 내 생명이 본래 부처님 생명이고 내 본성이 바로 청정무구(淸淨無垢)하고 빛과 광명 그대로인데, 이 세계를 내가 이제야 보게 되고 알게 되니까 너무나 기쁘다. 완성된 세계가 바로 이 세계구나' 라고 구구절절 찬탄을 한다.

깨달은 선사들은 참된 본성이 바로 여래이고 부처이고, 여래장이라고 이구동성으로 이야기한다. 쉽게 말하면 껍데기는 중생이지만 껍데기 자체는 허망하므로 진실로 '있다' 고 할 수 없다. 진짜로 있는 것은 여래장밖에 없다는 것이다. 그것을 깨달으면 즉시 중생과 부처는 사라지고 여래가 현행하며, 모든 게 빛이고 행복이다. 내 생명이 본래 부처님의 무량한 공덕 생명이라는 것이다.

비유하자면 금은 금광석 안에 있지만 돌을 덜어내면 금만 남는다. 순수한 금은 여래이고 바깥에 있는 돌은 중생이다. 필요한 금이 있으면 되지 나머지는 없는 것과 같다. 금도 있고 돌도 있는 것처럼 생각하는데 돌은 없는 것이다. 그래서 중생과 여래가 한 몸에 같이 있다고 하는 것은 말이 안 되는 이야기다. 우리는 본래 여래인데 없는 중생에 집착하고 고집을 피우고 있는 것이다. 그래서 중생 놀음이라 한다. 이것이 『여래장경』의 본래 뜻이다.

그래서 보현행원을 실천해서 깨달음을 이루자. 보리를 이루자. 그리고 스스로 횃불을 들고 역사를 밝히자. 자기 깨달음을 넘어서 사회적인 깨달음으로, 전법(傳法)을 통해서 이 횃불을 비춰 모든 사람들의 마음에 반야의 지혜가 일어나도록 하자. 그 지혜로서 본성을 깨닫자. 그런 사람들이 살아가는 이 세계가 바로 바라밀의 세계이다. 성숙된 정토의 세계는 바로 그런 세계다.

옛날에 조주 스님이나 육조 혜능 스님 등은 모두 제자들이 마음의 본성을 보도록 잘 길러냈다. 요즘의 선사들은 제자들만 잘 지도할 것이 아니라 사회로 뛰쳐나와 전법을 통해 자기가 깨달은 내용을 많은 사람들에게 전달하여 모두 깨달음에 이를 수 있도록 해야 한다. 이것이 바로 대승의 정신이다.

알맞게 쓸 마음은 없다

다시 선의 안목으로 돌아와 본다. 우리들의 생사가 엇갈리는 지점은 다른 곳이 아닌 바로 여기 이때이다. 우리들이 그토록 닿고 싶어 하는 진실, 그 적멸의 묘심이 드러나는 일도 바로 이때 이곳이다. 일기일회(一期一會)라 하지 않는가? 다른 때 다른 곳은 있을 수 없다. 그것이 무엇이든 지금 꼭 한 번, 이러한 인연으로 이렇게 생생하게 드러나고 있을 뿐이다. 우리들 생사의 업해파랑이 일어나고 있는 바로 지금, 이 현장에 무엇이 드러나고 있는가? 일기일회의 생생한 경험 속의 생각, 감정, 느낌을 살펴보라. 혹여 알맞게 쓸 마음의 행로가 보이는가? 큰 도에는 그 어떤 차별의 마음이 없다 하는데, 지금 이때 우리 어떠한가? 대혜 스님의 편지 말씀을 경청(敬聽)해 보자.

서장 내용

『원각경(圓覺經)』에서 말한다.

"언제나 허망한 생각을 일으키지 않으며, 어떤 허망한 마음도 없애지 않는다. 망상 경계에 머물러 깨달음을 더하지 않으며, 깨달음이 없으면 진실을 판단하지 않는다."

운문암(雲門庵)에 머무를 때 협산선회(夾山善會)가 노래했다.

"연잎은 둥글둥글한 거울 같고, 마름 열매의 뿔은 뾰족뾰족한 송곳 같아라.
바람 부니 버들까지 솜털 휘날리고, 빗방울이 배꽃 때리니 나비 훨훨 날아오른다."[160]

눈 밝고 손 빠른 사내가 한 번 멀리 벗어나야 비로소 우두법융(牛頭法融) 선사의 말이 속이는 말이 아님을 알게 된다.

"알맞게 마음을 쓸 때는 알맞게 쓸 마음이 없다. 굽은 말은 명칭과 모양을 수반하여 수고롭지만, 곧은 말은 번거롭거나 중언부언(重言復言)이 없다. 마음은 없지만 알맞게 쓰고 늘 쓰지만 알맞을 정도로 없

---

160) 임판원(林判院) 소첨(少瞻)에 대한 답서(48).

다. 지금 마음이 없다고 말하지만 마음 있다는 것과 다르지 않다." 161)

이 속에 이르러서는 번뇌를 생각할 필요가 없고 불법을 생각할 필요가 없다. 불법과 번뇌가 모두 바깥일이다. 그러나 바깥의 일이라는 생각을 해서도 안 된다. 다만 돌이켜 자신을 살펴보아라. 이렇게 생각하는 것은 어디로부터 오는가? 행위를 할 때는 무슨 모양이 있는가? 행위가 갖추어지면 나의 의식을 따라 상세하고 빠짐이 없으며 모자라거나 지나침이 없다. 바로 이러한 때는 누구의 은덕으로 이와 같이 공부하는가? 오래오래 하다 보면 마치 활쏘기를 배우는 경우처럼 저절로 과녁에 들어맞게 될 것이다. 162)

옛 스님이 말하였다.

"부처님이 모든 법을 말씀하신 것은 모든 마음을 제도하기 위한 것이다. 나에게는 아무런 마음이 없으니 모든 법 또한 무슨 소용이 있으랴."

또 라융(懶融)은 말했다.

"알맞게 마음을 쓸 때에는 알맞게 없는 마음을 쓴다. 굽은 말은 이름

---

161) 유통판(劉通判) 언충(彦沖)에 대한 답서(23-1).
162) 장제형(張堤刑) 양숙(暘叔)에 대한 답서(27).

과 모습이 피곤하지만 곧은 말은 번다함이 없다. 없는 마음을 알맞게 사용하면 늘 사용하여도 알맞게 없다. 지금 말하는 이 '없는 마음'은 '있는 마음'과 다르지 않다."[163]

다시 보기

'어떤 허망한 마음도 없애지 않는다〔於諸妄心 亦不息滅〕'는 것은 일으키지 않는 것도 중요하지만, 허망한 마음이 허망한 것인데 그것을 억지로 없애려고 하면 결국 거기에 집착을 하게 된다는 것이다. '망상 경계에 머물러 깨달음을 더하지 않는다'는 말이 가장 가깝다고 했는데, 허망한 생각이 일어났을 때 이것을 없애고 깨달음을 얻어야 하겠다고 하는 것이 문제다. 왜냐하면 깨달음은 진실 그 자체이기 때문에 깨달음에 이르기 이전까지는 '진실이다, 아니다'를 판단할 수 없다.

말을 꾸며 하려면 머리를 많이 써야 하고 미사여구를 써야 한다. 선사들의 말은 번거롭거나 중첩되지 않는다. 꾸밈이 없다. 진심으로 하는 말은 꾸밈이 없기에 짧고도 강렬하다. '지금 마음 없음을 말하지만 마음 있음과 다르지 않다'는 것은 '있다'라는 의지가 없지만 마음이 없는 건 아니다. 그 순간에 마음과 행동이 하나가 돼서 마음 쓰는 것을 스스로가 생각지 않을 따름이지 그렇다고

---

163) 하운사(夏運使)에 대한 답서(31).

마음이 없는 건 아니다. 마음이 없지만 온갖 행동이 자재(自在)함이 무심(無心)이다. 오히려 없어서 더 자유롭고 자재하다. 마음이 있으면 더 번거롭다. 그러나 마음이 없지만 그렇게 잘 쓰이는 걸 보면 마음이 없지는 않다. 이는 마음에 집착이 없다는 것이다.

'있는 마음'은 그 마음에 집착하는 마음이 있는 마음이고, '없는 마음'은 '공심(空心)'이다. 그래서 공심으로 쓰면 걸림 없이 더 잘 쓸 수 있다. 자기가 의도를 지어내어 마음을 쓰면 그 범위밖에 못 본다. 의도를 갖고 말할 준비를 했는데 첫마디가 삐끗해버리면 모든 게 어긋난다. 생각대로 계획 그대로 되는 경우는 없다. 일에 쓸 마음이 없어야 신이 난다. 걸림이 없기 때문이다. 그래서 신이 나면 일이 잘된다. 일 없는 사람은 쓸데없이 일에 걸리지 않는다.

세간과 출세간은 같다

들어가며

선의 근본 뜻에 통하면 사실 같음과 다름, 그 어떤 분별이라도 모두 사라진다. 어떤 일이 근본 뜻에 통하는 일인가? 석가모니 부처님이 연꽃 한 송이를 대중에게 보여주니 마하가섭만 빙그레 웃었다 했던가? 이런 일화가 떠오르는 지금, 어떤 하나의 이해가 생겨난 것은 아닌가? 애당초 둘로 나뉜 곳, 이것과 저것, 여기와 저기, 지금이 아닌 다른 때에는 영원히 좋은 소식이 없다고 한다.

지금 당장, 곧바로 선의 안목을 빌려 보라. 석가모니는 어디 있는가? 연꽃은 어디서 피어나는가? 마하가섭은 어디서 웃고 있는가? 이와 같은 곳에 주소를 둔 세간과 출세간은 이름만 다른 일이지 같은 소식이라 하지 않는가? 대혜 스님의 편지 말씀을 경청(敬聽)해 보자.

서장 내용

세간법(世間法)과 출세간법(出世間法)은 모두 물이 맑아 흔들림 없이 텅 비고 저절로 비추는 것처럼 '담연(湛然)'을 벗어나지 않아서 털끝만큼의 어긋남이 없다. 다만 이 담연의 도장으로 모든 곳에 도장을 찍으면 옳음도 없고 옳지 않음도 없다. 하나하나가 해탈이고 밝고 묘하여 진실하여 쓸 때도 담연하고 쓰지 않을 때도 담연하다.[164]

세간에 들어가면 출세간이 따로 남아 있지 않다. 세간법이 곧 불법이요, 불법이 곧 세간법이다.[165]

내 뜻을 거스르는 일은 다만 참을 인(忍) 한 글자를 만나 잘 섬기면 잠시 뒤에는 곧 지나가 버리지만 마음에 드는 일은 회피할 수 없다. 이는 마치 자석이 쇠를 만나 부지불식간에 착 달라붙어 하나가 되는 것과 같다. 이러한 경계에 부닥쳐서 지혜가 없다면 자기도 모르게 그 경계에 끌려가 사로잡혀 버린다. 다시 그 속에서 빠져나올 길을 찾고자 하여도 또한 어렵지 않겠는가? 성인께서 "세간에 들어가면 출세간이 따로 없다."고 한 말씀이 바로 이러한 도리이다. 요즘 수행하면서 방편을 잃어버린 부류들은 흔히 현재 활동하

---

164) 허사리(許司理) 수원(壽源)에 대한 답서(21-2).
165) 왕내한(汪內翰) 언장(彦章)에 대한 답서(30-3).

고 있는 무명(無明)을 분별하여 세간에 들어가는 것으로 삼고, 출
세간법을 억지로 끼워 맞추어 남김없이 세간을 벗어나는 일로 삼
고 있다. 참으로 불쌍한 일이다.[166]

여러 가지를 잘 참고 견뎌서 처음부터 끝까지 오늘처럼 해 나아
간다면 불법(佛法)과 세간법(世間法)을 하나로 만들 것이다. 전쟁
이 있으면 전투를 하고 전쟁이 없으면 농사를 지으면서 오래오래
순수하게 익어간다면 일거양득(一擧兩得)일 것이다. 그러니 어찌
허리에 십만 관의 돈을 두르고 학(鶴)을 타고 양주(揚洲)로 날아가
는 일이 아니겠는가?[167]

다시 보기

세간과 출세간은 교리적으로 보면 완전히 구분된다. 세간은 탐
욕으로 물든 번뇌의 세상이고 출세간은 깨달음의 세계다. 이것은
출세간을 위한 목표지향적인 방편의 세간이다. 본래로 세간을 떠
나 출세간이 없고, 출세간을 떠난 세간이 없다.

선에서는 세간과 출세간이 둘이 아니다. 대승교학에서도 그렇
게 얘기한다. 세간과 출세간이 둘인지 아닌지는 우리의 마음에서

---

166) 루추밀(樓樞密) 중훈(仲暈)에 대한 답서(54-1).
167) 영시랑(榮侍郎) 무실(茂實)에 대한 답서(57-1).

판결난다. 세상은 원래 세간이냐 출세간이냐를 말할 수 없다. 우리가 세간으로 보느냐 출세간으로 보느냐는 각자의 주관적 마음의 판단에 의해서 결정된다.

결국은 자기 마음을 어떻게 갖느냐에 따라서 세간과 출세간이 나눠진다. 번뇌심에 물든 상태가 세간이고, 번뇌심을 벗어난 상태가 출세간이다. 내 마음이 본래면목을 찾게 되면 세간도 출세간이 되는 것이고, 본래면목을 찾지 못하면 이 세간이 그대로 세간이고 내가 세간에 살게 된다. 출세간이라는 것도 세간 속에 들어 있는 건데 이걸 둘로 나누는 게 분별심이다. 그러니까 세간을 분별해도 안 되고 출세간에 분별해도 안 된다. 둘로 나누다 보니 이런 집착이 생긴다.

특히 불교 공부하는 사람들이 세간법보다는 출세간법에, 또는 번뇌보다는 지혜에 방점을 두고, 스스로 세간에 있으면서 출세간을 말하니 세간과 출세간을 뛰어넘지 못하는 한계에 봉착한다. 세간법과 출세간법은 모두 마음에 있다. 세간은 반드시 잘 지켜봐야 된다. 그 대신에 세간에 말려서는 안 된다. 탐욕과 기쁨으로 속이기 때문이다. 세간법에 속지 않는 것이 무심(無心)이다. 출세간에 있다고 세간을 무시해도 큰일 난다. 도(道)가 있다고 해서 도로 가다가 현실을 다 놓쳐버리면 모든 것이 부서진다. 무심에는 세간도, 출세간도 없다. 모두가 방편일 뿐이다. 막힘없이 잘 쓰는 것이 방편의 본래 성질이다.

불법은 둘이 아니다

들어가며

　우리가 막 불법의 공부를 시작하려 출발할 때 배웠다. 불법은 둘이 아닌 것이니 언제나 둘로 나누며 분별하는 마음만 사라지면 되는 것이구나! 이렇게 이해하며 나름 공부 길을 갔고, 지금 여기 선문(禪門) 안에 와 있다. 행행도처 지지발처(行行到處 至至發處)라 했던가?

　분명 공부 길을 걷고 또 걸었는데, 눈앞은 늘 언제나 이 자리, 지금 여기 이와 같고 이와 같다. 더 이상 구하지 않으면 바로 지금 여기 늘 이렇게 현전해 있다던 성현들의 말씀이 살아 움직인다. 또 어디로 향해 가려 하는 것인가? 가도 가도 출발하는 이 자리, 둘이 아닌데 또 어디로 갈 수 있는 일이 있긴 하겠는가? 본래 부처인 자기 눈을 떠서 그 눈으로 사는 안목이 귀할 뿐, 달리 무엇이 필요하겠는가? 대혜 스님의 편지 말씀을 경청(敬聽)해 보자.

서장 내용

주세영(朱世英)이 운암진정(雲庵眞淨) 스님에게 물었다.

"불법은 지극히 묘한데 일상생활에서 어떻게 마음을 쓰고 어떻게 탐구해야 됩니까? 자비로서 가르쳐 주십시오."

진정 스님이 말했다.

"불법은 묘하여 둘이 없다. 아직 묘한 경지에 이르지 못했으면 길고 짧음이 있다. 진실로 묘한 경지에 이르면 마음을 깨달은 사람이므로 마음이 마지막 진실이고 본래부터 깨달아 있음을 진실하게 안다. 진실하게 자재(自在)하고, 안락하고, 해탈하고, 깨끗할 것이다. 일상생활에서 오직 자기 마음을 쓸 뿐이다. 자기 마음의 변화를 붙잡았으면 곧바로 쓸 뿐이다. 옳고 그름은 묻지 마라. 마음으로 헤아리고 사량하면 옳지 않다. 마음으로 헤아리지 않으면 하나하나가 진실하다. 하나하나가 밝고 묘하며 연꽃이 물에 젖지 않는 것과 같지만 마음의 깨끗함은 그 이상이다. 그러므로 자기의 마음이 어두운 까닭에 중생이 되고 자기의 마음을 깨닫는 까닭에 부처가 된다. 중생이 바로 부처이고 부처가 바로 중생이지만 미혹과 깨달음으로 말미암아 중생이 있고 부처가 있게 되는 것이다."168)

---

168) 진소경(陣少卿) 계임(季任)에 대한 답서(17-1).

유마 거사처럼 둘이 아닌 곳[不二]으로 깊이 들어가셨다고 들었다. 이것 역시 분수 바깥의 일이 아니다. 법이 본래 이러하기 때문이다. 원컨대 거사께서 이렇게 마음껏 누리신다면 모든 마구니와 외도(外道)가 반드시 법(法)을 수호하는 착한 신(神)이 될 것이다. 그 나머지 여러 가지 차별되는 다른 뜻도 모두 자기 마음이 나타내는 경계이며 다른 물건이 아니다.[169]

화엄의 중중법계(重重法界)가 결코 헛된 말이 아님을 확실히 알고 있다면 다른 물건이라는 생각은 결코 하지 않을 것이다. 그 나머지 뒤죽박죽 혼란스러운 일들도 힘들든, 쉽든, 바르든, 삿되든 역시 다른 물건이 아니다.[170]

다시 보기

분별심이 없으면 본바탕 그대로가 나의 본성이다. 거듭 말하지만 초기 선종의 교학적 배경은 여래장(如來藏) 사상이다. 본바탕, 자성이라고 하는 것은 본래 청정한데 손님 같은 객진번뇌로 오염된다. 번뇌는 본래 없는 환(幻)인데 있다고 착각하는 것이다. 자성 청정한 마음밖에는 없는데 꾸며내어 잘못된 인식을 하기에 객진

---

169) 장승상(張丞相) 덕원(德遠)에 대한 답서(26).
170) 이참정(李參政) 태발(泰發)에 대한 답서(39).

번뇌라고 한다.

안에는 본래 여래인데 번뇌의 껍데기가 중생으로 덮여 있으니까 중생으로 보이는 것이다. 실제로 중생 안에 있는 본질은 자성청정(自性淸淨)한 여래이고 껍데기는 없다. 그것을 여래장이라고 한다. 여래장을 잘못 이해하면 안에는 여래이고 밖에는 중생으로 덮여 있다고 오해하는데, 여래장의 본뜻은 자성청정한 여래밖에 없다는 것이다. 여기서도 중생과 부처는 본래 차별이 없다.

중중법계는 이사무애(理事無涯)와 사사무애(事事無涯)를 말한다. 이사무애는 이치와 일이 둘이 아니라고 한다. 사사무애는 일과 일이 서로 충돌되지 않는다는 것이다. 이치이든 일이든 본바탕에 눈을 떠버리면 차별과 분별이 모두 사라지게 된다.

이사무애는 이 세상일들을 이치로써 받아들이면 되지만, 사사무애는 이 일과 저 일이 같다는 이야기다. 수많은 일들이 세상에는 펼쳐지고 널려있지만 서로 다르게 보이는 일들도 본성은 하나이다. 개별상으로 보면 서로 다르지만 총체상으로 보면 같은 원리에 입각해 있다. 세상이 혼란스럽고 난리를 쳐도 서로 둘이 아니다. 서로의 인연에 따라 합당하게 필요하기에 서로 밀고 당기면서 살아간다. 총체상 위에서 개별상을 볼 줄 아는 지혜가 필요하다.

눈앞의 일들을 서로 대립으로 보는 우리의 시각이 문제다. 좋은 일도 좋은 일이 아니고, 나쁜 일도 나쁜 일이 아니다. 서로 같은 바탕에서 일어나는 허망한 일일 뿐이다. 서로 충돌되지 않는다. 눈을 뜨게 되면 세상에서 그렇게 싸울 일이 별로 없다. 그러다 보면 세상은 온통 아름다운 꽃 한 송이처럼 보이고, 화(禍)보다는 복(福)

이 더 많을 것이다.

　불법에도 최상의 법이 있고, 차상의 법이 있다는 분별상의 이론이 교상판석(敎相判釋)이다. 당대에 중국에서는 이것을 놓고 논쟁이 많았다. 서로 자기가 공부하는 부분이 가장 좋다고 논쟁을 했다. 그러나 원효 대사의 경우는 모든 불법은 근기에 따른 방편이기에 버릴 것이 없다고 하고 서로 충돌하지 않는다고 했다. 원효는 당시의 유행을 따르지 않고 정석대로 불교 해석학을 한 셈이다. 원효는 여기에도 머물지 않았다. 각각 경전의 개별상 장점을 적출(摘出)하다 보니 총체상의 원리인 서로 충돌하지 않는 화쟁론(和諍論)의 원리를 이루었다. 모든 문(門)이 서로의 장점이 있으므로 논쟁이 필요 없다는 것이다. 이것이 「십문화쟁론(十門和諍論)」이다.

　원효대사는 『대승기신론(大乘起信論)』의 일심이문(一心二門) 사상으로 모든 것을 아우를 수 있었다. 그리고 일심이문의 원리를 몸소 실천했다. 깨닫고 보니 승복을 입고 출세간적인 모습을 갖고 있는 자기 자신이 다시 보였던 것이다. 출세간적인 한쪽으로 치우친 모습을 단박에 탈피했다. 승복을 벗고 일반 복장을 하고 스스로 소성거사(小姓居士)를 자처했다. 소성(小姓)은 그냥 작은 중생 즉, 속인(俗人)에 불과하다는 의미이다. 원효대사는 성속 구분이 없이 자신의 이론과 실천을 아우르는 정신세계를 펼쳐낸 위대한 성인이다. 승과 속의 분별을 뛰어 넘어, 이론과 실천을 병행해 한국불교의 새로운 장을 개척한 것이다.

대혜 선사는 임종의 글을 남겼다.

"살아도 이렇고 죽어도 이렇다."

살고 죽는 일이 둘이 아니다.
다만 이렇고 이렇다.

수행경전연구회는 위덕대학교에서 불교학을 전공하는 학자들의 모임이다. 유가행 수행에 관심을 가지기 시작하면서 다양한 불교수행으로 파급되었다. 초기불교, 대승불교, 선, 밀교 등의 수행의 이론과 방법을 접하면서 일관성 있는 불교 수행의 이론적 근간이 필요하다는 점에서 수행을 위주로 설하는 경론들을 탐독하기 시작하였다.

2016년에는 초기불교의 대표적인 수행경전인 『염처경(念處經)』의 번역과 함께 관련 논문 4편을 함께 출간하였다. 2018년에는 초기불교에서 대승불교의 수행으로 전개되는 과정을 확인할 수 있는 『수행도지경(修行道地經)』을 4편의 논문과 함께 발간하였다. 이 외에도 『안반수의경(安般守意經)』, 『반주삼매경(般舟三昧經)』, 『관불삼매해경(觀佛三昧海經)』을 비롯한 삼매경류 경전과 관법경전, 선경류 경전 등의 다양한 수행경전을 접할 수 있었다. 10여 년에 걸친 꾸준한 수행경전의 독해와 소통의 과정을 거치면서 수행의 이론과 실천방법은 시대와 지역에 따라 다양하게 전개되어 왔지만 근본이 되는 수행경론의 중심 사상은 일관되게 불교의 근본교리에 입각해 있음을 확인하게 되었다.

이러한 과정의 연속은 선 수행에 대한 관심으로 자연스럽게 연결될 수 있었다. 그러나 선과 관련된 정형화된 경전은 있지 않을 뿐만 아니라 체계적인 서술을 전하는 어록이나 관련 서적들을 찾기가 어려웠다. 그래서 2021년부터 일관된 체계로 48칙의 공안을 정리하고 직접 해설한 무문혜개(無門慧開) 선사의 무문관(無門關)을 열어 가면서 선 수행의 묘미를 느낄 수 있었다. 그동안 초기불교 수행경전이나 대승불교의 수행경전과는 구별되는 선 수행만의 독특한 매력을 발견한 것이다.

그러나 무문관의 내용이 일반인들에게 이해될 수 있을 정도로 정리되어 있지 않다는 소회는 대혜 선사의 서장을 만날 수 있는 기회를 제공하였다. 그러나 서장 또한 대혜 선사의 62편의 편지글을 정리한 것이다. 대상자의 근기와 상황에 따라 선 수행의 방법과 문제해결 방법들을 서술한 것으로 일목요연하게 선 수행에 대한 이론과 실천 등을 파악하기에는 어려움이 있었다.

그래서 창안한 방법이 서장에 나타나는 선 수행의 시작〔信〕, 선의 이해〔解〕, 선의 실천〔行〕, 선과 깨달음〔證〕이라는 수행 요목으로 재편하여 대주제로 삼고, 대주제 아래에 관련 소주제의 내용들을 모아서 담게 되었다. 이 과정을 통하여 더욱 분명하게 간화선에 대한 구체적인 수행법을 정리할 수 있었다.

서장 본문 인용 앞에는 들어가는 말을 두어 대주제와 소주제를 연결하여 전반적인 이해의 흐름을 도모하고자 하였다. 또한 본문 인용 뒤에는 다시 보기를 설정하여 독해하면서 연구원들과 함께 소통한 부분을 독자들의 이해를 돕기 위하여 첨가하였다. 독자를 위한 방편이라는 핑계가 있었다.

내용을 중심으로 본문 내용을 재편하면서 별도의 번역작업이 필요하지 않을 정도로 서장에 대한 친절한 번역본들이 있었기에 가능한 일이었다. 또한 백련사 최영원 선생의 교재 보시와 김상락 회장의 출판 지원이 있었다. 고마움을 전한다.

한바탕 선사들의 휘몰아치는 소용돌이가 구름을 걷어 내어 빛을 뿌리고, 흐린 물을 맑혀 고요히 차 한 잔에 앉는다.

2025년 1월
수행경전연구회

〈참고문헌〉

· 大慧普覺禪師語錄, 大正經 47卷, 大正一切經刊行會, 1924~1934.
· 대한불교조계종 교육원, 서장, 조계종출판사, 2010.
· 탄 허 역, 서장·선요, 도서출판 교림, 2009.
· 智 象 주해, 서장, 불광출판부, 1998.
· 巨 芙 역주, 서장, 수덕사승가대학, 1998.
· 전재강 역주, 서장: 대혜스님의 선 수행 편지 모음집, 운주사, 2004.
· 김태완 역주, 대혜서장:『참선은 이런 것이다』, 침묵의 향기, 2018.
· 김태완 옮김, 대혜보각선사어록1-6, 소명출판, 2011.
· 오용석, 대혜종고 간화선 연구, 해조음, 2015.
· 정진희, 간화병통에서 본 간화수행법-대혜서를 중심으로-, 보조사상 29, 보조사상연구원, 2008.
· 박재현, 대혜종고 선사의 공안선 비판과 간화선이 知의 문제, 불교평론 17호, 12월 10일, 2003.
· 이덕진, 대혜의 서장에 인용된 대승경전에 관한 고찰, 한국불교학 46, pp.249-295, 2008.
· 채정수, 대혜의 서장과 묵조선, 보조사상 2, 보조사상연구원, pp.289-304, 1988.
· 김호귀, 대혜의 묵조선 비판에 대하여, 보조사상 13, 보조사상연구원, 2000.
· 인 경, 대혜 간화선의 특질, 보조사상 13, 보조사상연구원, 2000, 2005.
· 인 경, 공안선과 간화선, 철학사상 21, pp.77-108, 2005.

· 김종두, 간화선(看話禪)과 천태지관(天台止觀): 선병(禪病)을 중심으로, 불교학보 77, 동국대학교불교문화연구원, 2016.
· 김진무, 중국의 불교 전래와 초기 중국선, 정토학연구 41, pp.106-136, 2024.
· 박태원, 언어, 붙들기와 여의기 그리고 굴리기 - 화두 의심과 돈오 견성의 상관관계와 관련하여 -, 동아시아불교문화 7, 동아시아불교문화학회, 2011.
· 월　암, 간화정로 - 간화선을 말한다, 클리어마인드, 2009.
· 윤원철, 선문정로의 수증론, 백련불교논집 4, 백련불교문화재단, 1992.
· 정성욱, 알음알이의 분석적 연구 - 초기선을 중심으로, 철학사상 44, 서울대학교 철학사상연구소, 2012.
· 정유진, 현대 한국 간화선의 원류와 구조에 대하여, 불교학보 60, pp.173-195, 2011.
· 오용석, 간화선에서 알 수 없음과 알고자 함에 대한 고찰, 선학 48, pp.193-226, 2017.
· 변희욱, 간화선 연구의 현황과 과제, 불교평론 45호, 12월 05일, 2010.
· 각　묵, 간화선과 위빠사나는 근본적으로 다른 것인가, 불교평론 19호, 03월 10일, 2004.
· 변희욱, 송대의 간화와 격물, 불교평론 38호, 03월 10일, 2009.
· 성　본, 간화선의 본질과 수행구조, 불교평론 6호, 03월 10일, 2001.
· 이덕진, 간화선으로 가는 바른길, 불교평론 27호, 09월 10일, 2006.
· 이상옥, 간화선의 회광반조에 관한 일고, 선학 40, pp.37-68, 2015.
· 김방룡, 보조 간화선의 성격과 그 현대적 의의, 보조사상 35, 보조사상연구원, 2011.